DE L'USUFRUIT LÉGAL

PAR

PAUL JOLLY

DOCTEUR EN DROIT

Avocat à la Cour Impériale de Paris.

VITRY-LE-FRANÇOIS,

Typographie de F.-V. BITSCH, grande rue de Vaux, 23.

1864.

DE

L'USUFRUIT LÉGAL

PAR

PAUL JOLLY

DOCTEUR EN DROIT

Avocat à la Cour impériale de Paris.

VITRY-LE-FRANÇOIS,

Typographie de F.-V. BITSCH, grande rue de Vaux, 23.

1864.

ÉTUDE PRÉLIMINAIRE

SUR LE

PÉCULE CASTRENSE

En Droit Romain.

DU PÉCULE CASTRENSE.

.... Quæ sunt parta labore
Militiæ, placuit non esse in corpore census
Omne cujus tenet regimen pater.

(La loi a voulu que les biens acquis par le fils dans les travaux guerriers, fussent distraits du riche patrimoine dont son père est le suprême administrateur.)

JUVÉNAL, satire dernière.

En parlant du droit de légitime défense, Cicéron s'exprimait ainsi dans un de ses plus éloquents discours : *Est hæc non scripta, sed nata lex, quam non didicimus, accepimus, legimus, verum ex natura ipsa arripuimus, hausimus ; ad quam non docti, sed facti, non instituti, sed imbuti sumus.* Le savant jurisconsulte Merlin applique à la puissance paternelle ces belles et célèbres paroles : ce n'est pas une loi qui nous vient des hommes ; nous ne l'avons lue nulle part ; c'est la nature qui l'a mise au dedans de nous ; c'est un rapport qu'elle a établi elle-même entre le père et le fils, et qui soumet invinciblement l'un à l'autre.

S'il est, en effet, une institution humaine qui dérive directement du droit naturel, de ce droit qui, inné chez l'homme, existe indépendamment de toute espèce de civilisation, c'est certainement la puissance paternelle. Aussi cette autorité était la seule qui existât à l'origine du monde, alors qu'il n'y avait ni société, ni gouvernement; et c'est elle qui, en constituant la famille, organisa du même coup la société.

La puissance paternelle naquit donc des relations qui se formèrent, dès le principe, entre le père et l'enfant. La faiblesse physique et morale de ce dernier exigeait que ses premiers pas fussent guidés dans le sentier de la vie par un protecteur dévoué; et l'affection profonde que Dieu a mise dans le cœur d'un père lui faisait un devoir d'être pour son enfant un guide et un appui. Voilà la puissance paternelle telle que nous la comprenons, telle qu'elle résulte des principes du droit naturel, telle enfin qu'elle doit exister dans toute législation. C'est ainsi, du reste, qu'elle a existé chez les Germains sous le nom de *mundium;* c'est ainsi qu'elle a été organisée en France par le Code Napoléon, qui en a fait un pouvoir de protection et de défense institué uniquement dans l'intérêt de l'enfant.

Il n'en était pas de même à Rome: la législation romaine nous présente sous le nom de *patria potestas* une institution d'un caractère tout opposé aux principes que nous venons d'indiquer, et dont M. Réal a dit avec beaucoup de raison au Corps législatif que « ce n'est pas une puissance, mais un *despotisme paternel.* » (Locré, t. 7, p. 54.)

Les Romains s'enorgueillissaient de leur *patria potestas;* ils parlaient avec fierté de cette puissance, propre à leur législation, et qu'ils avaient arrachée au domaine si vaste du droit naturel pour la placer dans le domaine plus restreint du droit civil proprement dit. Aussi Justinien proclame-t-il dans ses Institutes, § 2 *de patria potestate*, que l'autorité des pères sur leurs enfants est un droit particulier aux Romains : *Jus potestatis quod in liberos habemus proprium est civium Romanorum ;* et il n'y a pas de nation, continue-t-il, où cette puissance ait les mêmes effets que chez eux : *nulli enim sunt homines, qui talem in liberos habeant potestatem, qualem nos habemus.* Faisons remarquer toutefois que ceci est copié dans Gaïus qui faisait une restriction en faveur des Galates, chez qui la puissance paternelle existait comme à Rome : *Nec me prœterit,* dit Gaïus, *Galatarum gentes credere in potestate parentum liberos esse.*

Comme l'institution du *pécule castrense* forme l'objet unique de cette étude, nous ne pourrions examiner avec détail tous les éléments de la puissance paternelle sans dépasser le but que nous nous sommes proposé d'atteindre ; mais il nous paraît indispensable, avant d'entrer dans l'étude même de notre sujet, d'esquisser rapidement les principaux traits de la puissance paternelle romaine : il faut en connaître la nature pour se faire une idée exacte de la théorie des pécules, institution dont le but fut de corriger ce qu'il y avait de trop rigoureux et de trop absolu dans cette autorité.

A Rome, le père était tout, l'enfant n'était rien ; l'enfant n'était pas une personne civile, et son individualité, dit M. Ortolan, s'absorbait dans la personne du chef de famille dont il n'était qu'une dépendance, un instrument. Il était moins encore ; et ce n'est pas une idée exagérée que de considérer les enfants, dans les temps primitifs de la législation, comme appartenant à leur père et faisant partie de son patrimoine. C'est ainsi que la loi 1, § 2 D. *de rei vindicatione*, permet au père d'exercer contre le ravisseur de son enfant l'action en revendication, action délivrée uniquement pour recouvrer la possession des choses dont on est *propriétaire*.

De là, droit de vie et de mort pour le *paterfamilias* sur la personne de ses enfants, droit de les vendre ou de les exposer, et ce droit nous est attesté par un grand nombre de textes (1). Il est vrai qu'un usage aussi barbare ne dura pas ; l'affection paternelle, les mœurs, et par suite les lois adoucirent cette puissance (2) et vinrent mettre un frein à une autorité si illimitée, et par là même si dangereuse. Le jurisconsulte Marcien (Loi 5, l. 48, t. 9) nous rapporte que l'empereur Adrien (870 de Rome) condamna à la déportation un père qui avait tué son fils ; *nam patria potestas in pietate debet, non in atrocitate consistere :* enfin Constantin (1065 de R.) condamne à la même peine que le parricide le père qui aurait tué son enfant.

Paul (Sent. l. 5, t. 1, § 1) nous apprend que le père ne peut vendre ses enfants (3) que dans le cas d'une extrême misère, et Constantin ne le permet que s'ils sont *sanguinolentes*, c'est-à-dire au moment où ils sortent du sein de leur mère, alors que l'amour paternel n'a pas eu

(1) Loi 11, D. *de liberis et posthumis ;* loi 5, D. *de lege Pompeia de parricidiis ;* loi dern. Code, *de patria potestate.* Denys d'Halicarnasse (L. 2, ch. 4) et Valère-Maxime (L. 5, ch. 8) nous montrent un père jugeant son fils dans une assemblée de parents et le condamnant à mort.

(2) M. Ortolan.

(3) Nous ne parlons que de vente réelle ; car la vente fictive appelée *mancipatio* resta en usage, et avait pour but de libérer le fils de la puissance paternelle.

le temps de se développer. Tel est le dernier état de la législation.

Quant au droit d'exposition, il ne fut définitivement aboli que par l'empereur Valentinien I ; il comprit le père coupable d'une semblable barbarie dans les termes de la loi *Cornelia de Sicariis : Unusquisque sobolem nutriat ; quod si exponendum putaverit, animadversioni quæ constituta est, subjacebit.* Justinien confirma cette législation.

Les droits du père sur les biens des enfants étaient également absolus. La qualité de fils de famille étant incompatible avec celle de propriétaire, il en résultait que tous les biens qui arrivaient au fils par succession, donation ou legs, tous ceux qu'il acquérait par son travail ou son industrie ou même par l'effet du hasard étaient acquis au père, en vertu de cette célèbre maxime à laquelle l'institution des pécules ne fut jamais qu'une exception, sans pouvoir la renverser : *Quidquid adquirit filius, non sibi sed patri adquirit.* Le fils ne pouvait donc acquérir pour lui-même aucun droit : un seul cependant était excepté, celui de se porter *adstipulator* (Gaïus, c. 3, § 114). Cette sorte de stipulation accessoire, dont le droit reste exclusivement limité à la personne de l'adstipulateur sans pouvoir être acquis ni transmis par lui à aucun autre, pas même à ses héritiers, pouvait être faite valablement par un fils de famille ; mais ce droit restait attaché à sa propre personne, sans qu'il pût néanmoins exercer l'action tant qu'il était fils de famille (1).

(1) M. Ortolan, t. 3, p. 181. — Voici le texte de Gaïus : *Is qui in potestate patris est, adstipulando agit aliquid ; sed parenti non adquirit, quamvis ex omnibus ceteris causis stipulando ei adquirat.*

Une semblable législation ne pouvait durer, surtout si on songe que le fils était capable d'arriver aux plus hautes dignités, et qu'il pouvait ainsi avoir, au point de vue politique, une personnalité beaucoup plus considérable que celle de son père, tout en restant soumis à sa puissance (1). Cette anomalie devait disparaître à mesure que la civilisation romaine avançait dans la voie du progrès. Le pouvoir du père sur la personne du fils, à l'origine rigoureux et illimité, avait été peu à peu modifié et restreint ; les mêmes motifs exigeaient que son droit sur les biens fut également diminué. C'est l'institution des différents pécules qui réalisa cette importante innovation, et, à partir de ce moment, une ère nouvelle s'ouvre pour la puissance paternelle dans la législation romaine.

L'ancienne maxime : *Quidquid adquirit,* etc... subsista néanmoins ; elle fut toujours en vigueur, en ce sens que tous les biens qui n'en étaient pas formellement exceptés continuaient d'être soumis à la règle générale, et d'appartenir comme tels au père en toute propriété. Il ne faut donc considérer les divers pécules que comme des exceptions à la règle ; la preuve en est que Justinien lui-même nous les présente ainsi, et en fait l'exposé dans le titre : *Per quas personas nobis adquiritur* (Inst. l. 2, t. IX). Nous verrons même en étudiant le plus important des pécules, le *pécule castrense,* que l'on fut obligé de recourir à une fiction pour donner au fils, sur les biens qui le composent, les droits d'un propriétaire, tant il répugnait aux idées romaines d'accorder à un fils de

(1) En effet la dignité de sénateur ou de consul ne libérait pas de la puissance paternelle ; la dignité de patrice avait seule cet effet (Inst. l. 1, t. XII, § 4).

famille la propriété des biens qu'il acquiert.

Le pécule (1) du fils de famille est la réunion des biens qu'une disposition législative a formellement soustraits à l'autorité paternelle et dont elle a fait pour le fils une sorte de patrimoine propre. Il est vrai que le pécule appelé *profectice* ne rentre pas dans cette définition, puisqu'il appartient au père en toute propriété ; mais ce pécule, qui se compose des biens dont le père confie simplement l'administration à son fils, n'a de commun que le nom avec les trois autres dont nous allons parler, et qui seuls sont spécialement réservés au fils de famille, tandis que le pécule profectice peut exister également pour l'esclave. Il ne s'agit pas là de biens acquis par le fils, et comme tels susceptibles de lui appartenir ; ce sont des biens dont le *paterfamilias* est propriétaire, sur lesquels il n'abandonne aucun droit et qu'il charge seulement son fils de gérer à sa place en qualité d'administrateur. Rien n'est donc changé, par rapport à ce pécule, à la législation antérieure qui en avait admis l'existence depuis les temps juridiques les plus reculés.

Les pécules du fils de famille sont au nombre de quatre :

---

(1) Les auteurs varient sur l'étymologie de ce mot ; Cujas croit qu'il est d'origine Gauloise ; mais quelle que soit l'autorité de ce célèbre jurisconsulte, l'opinion contraire a prévalu, et on le fait dériver généralement *a pecunia et pecoribus*, parce que les biens consistaient autrefois principalement en argent et en bestiaux (Merlin, Rép.). Fernandez de Retes, dans son traité *de Castrensi peculio* (Ch. I, Arg.) donne la même étymologie : *Peculium dict a pecude notat M. Varro ; etymologiæ ratio est, quod in pecore tunc omne patrimonium, omnis pecunia Romana consistebat, plerumque pastoribus, et ex pecuariis questum facientibus. Dicebanturque idcircó peculia tauri, oves, aliudve quid ; hactenus Varro*. (*Novus Thesaurus* de Meerman, T. VI, p. 240 et suiv.)

1° Le *pécule profectice,* dont nous venons d'indiquer la nature et sur lequel nous n'aurons plus à revenir.

2° *Le pécule castrense,* qui forme l'objet principal de cette étude et dont nous allons aborder l'examen ; il fut établi par les empereurs Auguste, Nerva et Trajan, et se compose, comme son nom l'indique, des biens acquis *in castris* par le fils de famille militaire ;

3° Le *pécule quasi-castrense,* établi probablement en 321 par Constantin et confirmé plus tard par Justinien ; il n'est autre chose que le pécule castrense étendu aux biens acquis par le fils dans l'exercice de certaines fonctions publiques ; nous aurons l'occasion d'en dire quelques mots ;

4° Le *pécule adventice,* institué également par l'empereur Constantin, et que nous examinerons avec détail en étudiant les origines de l'Usufruit légal du Code Napoléon.

Nous diviserons notre étude sur le pécule castrense en cinq chapitres, et nous examinerons successivement, en suivant du reste l'ordre de Pothier :

1° Quelle est l'origine du pécule castrense ;

2° De quels biens il se compose ;

3° et 4° Quels sont les droits du fils et ceux du père sur ce pécule ;

5° Quelles innovations furent introduites par Justinien.

CHAPITRE I.

ORIGINE DU PÉCULE CASTRENSE.

—

On pourrait croire, d'après la situation injuste et précaire faite au fils de famille relativement à ses propres biens, que des considérations d'ordre et d'équité déterminèrent le législateur Romain à mettre une limite aux pouvoirs exagérés du père, et à soustraire à son autorité les biens acquis par le fils au prix de son sang, en exposant sa vie sur les champs de bataille. Il n'en fut rien, et les empereurs Romains n'ont obéi, en établissant le pécule castrense, qu'à des sentiments d'intérêt personnel ; ils n'ont eu en vue que leur propre sécurité, et n'ont songé qu'à consolider leur pouvoir en s'attachant l'armée par des privilèges et des bienfaits sans cesse renouvelés. L'armée Romaine formait dans l'Etat un corps imposant et redoutable ; elle pouvait, à un moment donné, devenir aussi dangereuse pour le souverain qu'elle lui avait été utile pour étendre ou affermir sa domination, et il fallait enchaîner à tout prix son inconstance pour prévenir le fléau des révolutions. De là, de nombreux privilèges accordés aux soldats en matière civile ; de là, la création du testament militaire et du pécule castrense, institution dont nous venons d'indiquer la seule et véritable cause.

Le jurisconsulte Ulpien, dans la loi 1 D. *de testamento militis*, nous expose l'historique du pécule castrense. Jules César en fut le premier créateur ; mais, dit Ulpien, *ea concessio temporalis erat ;* Titus et après lui Domitien confirmèrent cette institution (1). Enfin les empereurs Nerva et Trajan lui donnèrent son entier développement : *Postea divus Nerva plenissimam indulgentiam in milites contulit, eamque et Trajanus secutus est.* Adrien assimila aux militaires les fils de famille vétérans pourvu qu'ils n'eussent pas été *ignominiosè missi* (2).

Il est à remarquer que ce même Ulpien qui, dans le § 10 du titre 20 de ses *Regulæ*, parle également de l'établissement du pécule castrense, en attribue uniquement la création à Auguste dont le nom n'est pas même prononcé dans la loi 1 *de testamento militis*. Voici comment il s'exprime dans ce § 10 : *Divus Augustus Marcus constituit, ut filiusfamiliæ miles de eo peculio quod in castris adquisivit testamentum facere possit.* Ce mot *Marcus* n'existait évidemment pas dans le manuscrit d'Ulpien, et il

---

(1) Juvénal, dans sa dernière satire, nous atteste l'existence de ce pécule :

. . . . Quæ sunt parta labore
Militiæ, placuit non esse in corpore census
Omne cujus tenet regimen pater.

(2) Voir sur la *missio ignominiosa* la loi 13, § 3 D. *de re militari*, l. 49, t. 16.

doit être retranché (1). C'est un copiste maladroit qui l'aura inséré, et peut-être *Marcus* a-t-il été mis pour *militibus* ; malgré cette interpolation, qui n'est pas douteuse, il subsiste une contradiction dans les termes d'Ulpien qui mentionne ici Auguste sans en avoir dit un mot dans l'autre texte. Justinien du reste nous indique aussi Auguste comme un des créateurs du pécule castrense, qui fut établi, dit-il, *tam ex auctoritate divi Augusti quam Nervæ* (Inst. L. 2, t. XII, fr.).

(1) C'est l'avis de Cujas, de Godefroid, et de F. de Retes (Nov. Thes. de Meerman, t. VI, p. 251.

CHAPITRE II.

DE QUELS BIENS SE COMPOSE LE PÉCULE CASTRENSE ?

Le pécule castrense comprend en général *tous les biens que le fils de famille a acquis en sa qualité de militaire;* tel est le principe qui domine tout ce chapitre et dont ce qui va suivre n'est que le développement. *Castrense peculium est,* dit Paul dans ses Sentences (l. 3, ch. 4, § 3), *quod in castris adquiritur, vel quod proficiscenti militiam datur ;* et Macer complète cette idée en ajoutant : *quod nisi militaret adquisiturus non fuisset* (1). Ainsi, tout bien que le fils n'aurait pas acquis s'il n'eût été militaire fait partie du pécule castrense ; tout bien, au contraire, qui lui serait advenu quand même il n'eût pas été militaire, doit être exclu de ce pécule. Entrons maintenant dans le détail.

(1) Macer lib. 2 *de re militari* (L. 11, D. *de castrensi peculio*, l. 49, t. 17).

Le pécule castrense se composera d'abord des récompenses ordinaires ou extraordinaires accordées aux soldats, et que Pothier (Pand. l. 49, t. 16 art. 4) nous énumère dans l'ordre suivant :

1° La *solde* ou *paie* du fils de famille militaire. D'après Tite-Live, ce fut environ vers la 347e année de la fondation de Rome qu'on commença à solder les militaires : après la prise d'Anxur, le sénat décréta que chaque soldat recevrait un *stipendium* sur le trésor public, tandis qu'auparavant chacun s'acquittait à ses frais du service militaire (1). La solde comprenait outre l'argent, le blé, le vêtement et les armes que l'on fournissait aux soldats, avec retenue toutefois d'une certaine somme sur leur paie quotidienne.

2° Les dons ou largesses des généraux qui, pour récompenser une valeur peu commune, donnaient aux soldats des colliers, des bracelets, des piques, des panaches, des aigrettes.

3° Les distributions d'argent faites aux soldats par les généraux qui devaient avoir les honneurs du triomphe.

4° La part attribuée à chaque soldat dans le butin pris sur l'ennemi, dont une partie était versée dans le trésor public, et l'autre partagée entre eux. Dans ce partage, on observait entre les cavaliers et les fantassins la même différence que pour la solde ; les centurions avaient une part double, et les cavaliers une part triple.

(1) Au temps de Polybe, la paie du fantassin était de deux oboles par jour, celle du centurion était du double, et celle du cavalier du triple. Tite-Live rapporte même à cette occasion que les plébéiens demandaient en vain que la cavalerie fut privée de sa triple paie pour s'être opposée à la conjuration à l'occasion de laquelle Valérius Corvus fut nommé dictateur.

5° Les champs ou terrains qui étaient quelquefois assignés aux vétérans.

6° Enfin ce qu'on appelle le *donativum munus*, c'est à dire les largesses faites aux soldats par chaque empereur à son avènement ; ces largesses avaient été dans le principe un don purement volontaire de la munificence du prince, mais dans la suite l'armée les exigea et elles devinrent le prix moyennant lequel on achetait la couronne impériale, mise par la soldatesque aux enchères publiques.

Macer (loi 11, *de Castr. pec.)* fait entrer dans le pécule castrense les biens donnés au fils de famille militaire par ses père et mère ou autres parents. Ceci est trop absolu, et il importe beaucoup de savoir quel est le bien donné, et dans quelles circonstances il l'a été. Ainsi, d'après un rescrit de l'empereur Alexandre qui forme la loi 4 Cod. *familiæ erciscundæ* (l. 3, t. 36) les choses mobilières données par le père à son fils militaire entrent dans le pécule castrense, parce qu'elles doivent servir à procurer à ce dernier quelque adoucissement au milieu de ses fatigues, et à lui rendre moins pénible la vie des camps. Les immeubles au contraire, quand même le père les aurait donnés à son fils partant pour l'armée, ne sauraient entrer dans son pécule, car leur nature est exclusive du raisonnement que nous venons de faire. Mais si nous supposons un immeuble acquis par le fils à l'occasion du service militaire, il fera indubitablement partie du pécule castrense par application du principe que nous avons posé au début de ce chapitre. Il est également important de savoir dans quelles circonstances les parents ont fait la donation ; si elle a été faite au fils revenu de l'armée, elle ne peut faire partie du pécule, *quia non potest*, dit Fernandez de Retes, *dari quidquam occasione militiæ ei qui jàm non militat*, tandis que le soldat, nous dit Tertullien, doit avoir comme préciput ce qu'il a apporté avec lui à l'armée du consentement de son père (1).

Ulpien (loi 6, *de cast. pec.)* suppose que l'épouse du fils de famille militaire lui donne un esclave pour qu'il l'affranchisse ; les droits de patronage résultant de cet affranchissement feront-ils partie du pécule castrense (2) ?

Cette hypothèse semble en contradiction avec la règle qui prohibe les donations entre époux ; mais on avait excepté de cette prohibition les donations *manumissionis causa* qui étaient permises même entre époux *favore libertatis, vel certè quod nemo ex hac fiat locupletior* (Paul, sent. l. 2, t. 23, § 2) (3). Cela dit, Ulpien pose en principe que cet esclave ne fera pas partie du pécule; car ce n'est pas à l'occasion du service militaire que le

---

(1) L. 4 et l. 15, pr. *de Castrensi peculio*.

(2) Ce n'est qu'après de longues hésitations que la législation romaine rendit les droits de patronage susceptibles d'entrer dans le pécule d'un fils de famille. A l'origine, ils ne pouvaient appartenir qu'au père ; Julien, tout en réservant les droits de celui-ci, accorde au fils, pendant sa vie, les droits résultant du patronage : *quamdiù vivit*, dit-il, *præfertur in bona ejus patri*. Enfin Adrien, dans une de ses Constitutions, décida que le fils de famille qui affranchit un esclave a, dans son pécule, les droits de patronage.

(3) Ce second motif n'est pas complètement satisfaisant ; le patronage n'est pas un titre purement honorifique ; il procure certains avantages pécuniaires, et entre autres des droits de succession. De même, les *operæ officiales* et les *operæ fabriles* étaient dûs par l'affranchi au patron : la véritable raison est donc l'encouragement donné aux affranchissements.

mari a connu sa femme, *quia uxor ei non propter militiam nota esset*, et l'affection conjugale est la véritable cause de la libéralité. Mais la femme a peut-être donné à son mari partant pour l'armée un esclave pour qu'il lui donnât la liberté, et en fit ainsi un affranchi *habilis ad militiam* et capable de lui rendre des services, par exemple comme médecin ; dans ce cas, l'esclave est censé donné en considération du service militaire et doit entrer dans le pécule castrense.

Lorsque la personne qui a fait au fils une donation ou un legs n'était connue de lui qu'à l'occasion du service militaire, par exemple si c'est un compagnon d'armes, les distinctions que nous venons d'exposer n'ont plus de raison d'être et ne doivent pas être observées ; tout bien donné en pareil cas viendra grossir le pécule castrense. Ainsi, le fils est institué héritier par un de ses compagnons d'armes ; cette hérédité devra certainement être comprise dans le pécule, tandis que l'hérédité de la mère, bien que déférée au fils pendant qu'il était à l'armée, doit en être exclue. Pourquoi ? Par cette raison que, dans le premier cas, le fils n'aurait recueilli aucune hérédité s'il n'eût été militaire, et que, dans le second, l'affection maternelle suffit amplement pour expliquer la libéralité (1).

Les jurisconsultes romains se montraient d'ailleurs très-disposés à accroître le pécule castrense, et ils avaient tendance à y comprendre tous les biens donnés ou légués par un compagnon d'armes, quand même il aurait

(1) C'est ce qui résulte d'un rescrit de l'empereur Alexandre, l. 1, Code, *de castrensi peculio*.

été connu du fils à un autre titre. On en trouve une preuve dans la loi 19 de notre titre où Tryphoninus suppose que le *commilito*, donateur ou testateur, était un agnat du fils : Scœvola, dit-il, était dans le doute et hésitait à comprendre la libéralité dans le pécule ; car si cet agnat était connu du fils antérieurement à son entrée dans l'armée, il est possible que les relations plus étroites, qui se sont établies entre les deux parents à cause de leur communauté d'origine, aient été précisément la cause de cette libéralité. Aussi Tryphoninus pense-t-il que si le testament est antérieur à l'époque où ces deux agnats sont devenus compagnons d'armes, les biens donnés ne peuvent entrer dans le pécule castrense, mais qu'ils y entrent, au contraire, si le testament est postérieur à cette époque. L'empereur Gordien a confirmé, par un rescrit, l'opinion de Tryphoninus (l. 4, code *de castr. pec.)*: il faut croire, dit-il, que les fatigues et les travaux de la guerre auxquels ils se sont associés, et les charges militaires qui leur ont été communes ont dû accroître leur affection et resserrer davantage les liens qui les unissaient. Papinien décidait néanmoins au livre 19 de ses *Responsa* que, si un militaire institue héritier un de ses cousins qui sert dans une autre province, cette hérédité ne peut faire partie du pécule castrense parce que l'institution d'héritier, n'étant fondée que sur la parenté, n'a pas été déterminée par des relations purement militaires.

Lorsqu'il s'agit de savoir si la libéralité a été faite en considération du service militaire, il ne faut pas s'attacher exclusivement aux termes qu'a employés le testateur, et l'on doit de préférence examiner quelle a été réellement son intention ; ainsi, un parent du militaire déclarera en vain qu'il veut que le bien par lui donné entre dans le pécule castrense, il n'y entrera pas, parce que ce n'est pas la profession du fils, mais sa qualité de parent qui est la véritable cause de la donation. Ulpien le décide ainsi dans la loi 8 de notre titre.

Mais ici nous rencontrons une difficulté assez sérieuse. Ulpien, dans cette loi 8, déclare que le bien donné ou légué par une femme à son mari militaire est exclu du pécule castrense : *si fortè uxor filiofamilias donaverit quid vel legaverit, an possit castrensi peculio adgregari ? Et non puto.* Or le contraire résulte positivement de la loi 13 du même titre où Papinien *(lib. 16, quæst.)* rapporte un rescrit de l'empereur Adrien ; ce rescrit décide que le fils de famille, institué héritier par sa femme pendant qu'il était au service, a pu accepter de lui-même la succession qui lui était déférée et devenir le patron des esclaves héréditaires qu'il a affranchis : *Divus Hadrianus rescripsit, in eo quem militantem uxor heredem instituerat, filium exstitisse heredem ; et ab eo servos hereditarios manumissos proprios ejus libertos fieri.* Et Papinien rapporte une seconde fois ce même rescrit dans la loi 16, en disant que la solution qu'il y donne n'a rien de contraire au rescrit d'Adrien en vertu duquel on a décidé que le fils de famille militaire pouvait, de sa propre volonté, accepter la succession qui lui était déférée par sa femme, *et hereditatem in castrense peculium habuisse.* Il est impossible d'être plus explicite, et il y a contradiction évidente entre les décisions des deux jurisconsultes. Comment les concilier ?

Fernandez de Retes, dans son traité *de Castrensi peculio* (1), nous présente une conciliation proposée par un jurisconsulte dont il ne donne pas le nom et qu'il appelle simplement *alter commagister et amicus valdè meus, jam pro meritis Auditor Regius.* Ce jurisconsulte, d'accord sur ce point avec Lipsius, part de ce principe que sous Adrien les militaires, après leur entrée au service, ne pouvaient pas se marier. Cela posé, dans l'espèce de la loi 13, la femme a probablement institué son mari héritier pour qu'il pût rester soldat longtemps encore et de cette manière ne songeât pas à se remarier. S'il en est ainsi, si c'est pour empêcher son mari de convoler à de secondes noces que la femme a fait sa libéralité, on peut dire que l'institution d'héritier a été faite en vue de la profession militaire, et comme telle doit entrer dans le pécule castrense.

On ne peut se refuser à trouver cette explication ingénieuse, mais il est impossible de l'admettre, et Fernandez de Retes lui-même la rejette. D'abord elle repose sur un principe des plus faux, celui du célibat forcé des militaires. Aucune loi ne leur défend de se marier : ce qui leur est interdit, c'est uniquement d'emmener leurs femmes avec eux ; et s'ils ne se marient pas, c'est par amour du célibat, ou peut-être à cause de la nécessité où ils sont de laisser leurs femmes dans leurs foyers. Et cela fût-il vrai d'ailleurs, l'explication du jurisconsulte anonyme n'en vaudrait pas mieux, puisque son raisonnement pourrait s'appliquer également à la loi 8, où cependant la décision est différente. Si en effet l'hérédité

(1) Nov. Thes. de Meerman, t. 6, page 245, n° 10.

laissée par la femme doit tomber dans le pécule en vertu du rescrit d'Adrien (l. 13), pourquoi en serait-il différemment du legs? *In re tam una et tam simili*, dit Fernandez de Retes, *quæ ratio differentiæ possit excogitari?* Aussi repousse-t-il cette explication qu'il appelle une *ingeniosa conjectura ;* il présente le rescrit d'Adrien comme une exception à la règle générale posée dans la loi 8, et qu'il explique par la faveur dont jouissent les militaires : *Rescripti Hadriani nullam rationem quæro, nisi militum favorem et Imperatoris in eos propensionem:* d'ailleurs, ajoute-t-il en terminant, on ne peut donner une raison de toutes les décisions contenues dans les constitutions impériales.

En présence d'un pareil langage, nous ne sommes pas plus avancés qu'auparavant ; la contradiction subsiste entre les deux textes, et nous devons chercher une autre conciliation.

Cujas et Pothier nous en présentent une autre. On sait que la loi *Papia Poppæa decimaria* (1) défendait à la femme stérile de laisser à son mari plus du dixième de sa succession ; c'était pour la punir de n'avoir pas eu d'enfants. Mais Adrien ayant excepté de cette règle les militaires, l'hérédité de la femme, dans l'espèce de la loi 13, n'est parvenue au fils qu'à l'occasion de sa profession, puisqu'elle n'a pu la lui laisser entière que parce qu'il était militaire : Papinien, par conséquent, est d'accord avec les principes en la faisant tomber dans le pécule

(1) Cette loi ne fut définitivement abrogée que sous les empereurs Honorius et Théodose II, par une constitution qui forme la loi 2, code, *de infirmandis pœnis*, l. 8, t. 58.

castrense. La loi 8, au contraire, suppose une femme qui, ayant des enfants, échappe à la prohibition de la loi *Papia ;* dès lors, on ne peut pas dire que la libéralité arrive à son mari à cause de sa profession, et les biens ainsi acquis sont nécessairement exclus du pécule. Cette explication consiste donc à dire que la loi 13 parle d'une femme stérile, et la loi 8 d'une femme ayant des enfants. Or, rien dans ces deux textes ne peut donner lieu à cette supposition ; ils parlent simplement d'une femme faisant une libéralité à son mari, et rien ne nous autorise à penser que dans l'un la femme ait des enfants, et que dans l'autre elle soit stérile. Une semblable conciliation est complètement arbitraire ; elle ne repose sur aucun fondement sérieux, et, malgré l'autorité de ces deux illustres commentateurs, nous ne devons pas hésiter à la rejeter.

Cela ne veut pas dire que nous en ayons une excellente à proposer ; mais enfin ne pourrait-on pas dire que les hypothèses prévues par les deux textes que nous cherchons à concilier ne sont pas complètement identiques, et que dès lors on peut s'expliquer l'antinomie des décisions ? L'empereur Adrien, par son rescrit, fait tomber dans le pécule du fils l'hérédité de sa femme, et Papinien se soumet à cette disposition. Mais remarquons que le rescrit d'Adrien ne concerne qu'une institution d'héritier ; il n'est donc pas étonnant qu'Ulpien, dans la loi 8, où il s'agit, non plus d'une institution d'héritier, mais d'un simple legs, ait hésité à étendre ainsi les termes du rescrit impérial, et, l'hypothèse n'étant plus la même, ait donné une solution différente de celle de Papinien.

Peut-être nous opposera-t-on qu'une semblable distinction est assez subtile, qu'il n'y a aucun motif juridique de traiter différemment un legs et une institution d'héritier, et qu'enfin il est étonnant de voir Ulpien, dont la hardiesse est si connue lorsqu'il s'agit de faire faire à la législation un nouveau pas dans la voie du progrès, hésiter à étendre les termes d'un rescrit impérial ! Cela est possible ; mais des trois explications que nous venons d'exposer, c'est encore celle qui nous semble la plus acceptable ; et c'est à notre avis la seule manière de justifier deux textes contradictoires qui, en résumé, sont à peu près inconciliables (1).

La dot donnée ou promise au fils de famille militaire ne tombe pas dans le pécule castrense ; ainsi le décide Papinien au livre 19 de ses *Responsa* (loi 16 de notre titre) ; sa décision est d'ailleurs parfaitement raisonnable. Quelle doit être en effet la destination de cette dot ? Elle est apportée au mari *ad onera matrimonii sustinenda*, c'est-à-dire pour subvenir aux frais d'entretien et d'éducation des enfants communs. Or ces charges incombent au *paterfamilias* (père ou aïeul) ; c'est donc lui qui doit aussi profiter de la dot, par application de la maxime : *ubi est onus, ibi emolumentum et esse debet.* Et Papinien nous fait remarquer, dans le même texte, que sa décision

(1) Il existe, à notre connaissance, une quatrième conciliation qui est la suivante : le rescrit d'Adrien a été rendu dans des circonstances spéciales où certains motifs avaient pu faire fléchir la rigueur des principes en faveur du fils : c'est ce qui résulte de l'expression *militantem* indiquant un soldat en activité de service, expression qui ne se retrouve pas dans la loi 8 ; Ulpien, dans cette loi, a probablement statué d'une manière générale, et, à défaut de circonstances spéciales, n'a pu déroger à la règle ordinaire.

n'a rien de contraire au rescrit d'Adrien dont nous venons de parler, en vertu duquel l'hérédité de la femme entre dans le pécule castrense : *hereditas enim adventicio jure (id est aliunde quàm causa matrimonii) quœritur ; dos autem matrimonii cohœrens, oneribus ejus ac liberis communibus qui sunt in avi familia, confertur.*

On doit aussi comprendre dans le même pécule tout ce qui se réunit *peculii rebus* par accession ou consolidation. Supposons que le père ait l'usufruit d'un esclave dont le fils a la nue-propriété dans son pécule : si le père a perdu par non-usage son droit d'usufruit, le fils devient alors plein propriétaire de cet esclave ; rien n'est plus conforme aux règles de l'usufruit (Papinien, loi 15, § 4 *de castrensi peculio).*

Ulpien (loi 3 de notre titre) décide, et cela ne pouvait faire l'objet d'aucun doute, que si une femme laisse au fils de son mari une somme d'argent destinée à son équipement, les effets achetés par le fils font incontestablement partie du pécule castrense.

Il en sera de même, si l'esclave du pécule acquiert quelque chose d'un étranger au moyen d'une stipulation ou d'une tradition : la chose ainsi acquise fera partie du pécule castrense, *sine distinctione causarum*, dit Papinien, c'est-à-dire que l'acquisition ait été ou non faite en vue du service militaire. Le fils de famille, en effet, joue un double rôle relativement à ses propres biens : par rapport à son pécule castrense, il est considéré comme père de famille, et acquiert pour lui-même ; pour tous ses autres biens, il n'est que fils de famille et acquiert, par conséquent, pour son père. L'esclave au contraire qui fait partie du pécule castrense, n'a qu'un seul et même rôle à soutenir en tout état de cause ; il est, dans toute circonstance, l'esclave du fils et non celui du père, et acquiert toujours, à quelque titre que ce soit, pour le fils. Il suit de là que si cet esclave stipule ou reçoit par tradition quelque chose du père lui-même, il a acquis pour le fils, comme s'il eût stipulé ou reçu d'un étranger et non du père (Papinien, au livre 35 de ses *Quæstiones* (1). Comme conséquence de ce qui précède, nous dirons sans hésiter que si l'esclave du pécule castrense est institué héritier par quelqu'un, il doit faire adition *jussu militis* de cette hérédité qui entrera ainsi dans le pécule, parce qu'elle provient *ex re castrensi.* Ainsi le décide Tryphoninus *lib. 18 Disputationum* (loi 19, § 1 *huj. tit.)*

Qu'arrivera-t-il si le même esclave est institué héritier par le père ? Si cet esclave était dans le pécule profectice du fils, il deviendrait du même coup, par l'effet du testament, libre et héritier nécessaire (2), parce qu'en réalité il appartient toujours au père. Mais comme il fait partie d'un pécule vis-à-vis duquel le fils est un véritable *paterfamilias*, il en résulte qu'il acquiert l'hérédité pour le fils, par l'ordre de qui il doit faire adition, et que l'effet de la disposition testamentaire sera de rendre le fils héritier nécessaire de son père. Cette solution nous montre la différence considérable qui existe entre les deux pécules (l. 18, pr. *huj. tit.*).

Il ne nous reste plus, pour terminer ce chapitre, qu'à

---

(1) D. loi 15, § 3 *de castrensi peculio.*

(2) Instit. § 1 *de heredum qualitate et differentia* l. 2, t. 19.

dire un mot d'une hypothèse dont parle Tertullien dans la loi 4, § 2 : Un *paterfamilias* militaire se donne en adrogation après son entrée au service, ou après l'obtention de son congé. Il devient donc, par l'effet de cette adrogation, *filiusfamilias* ; mais quel sera le sort des biens qu'il a acquis dans les camps avant l'adrogation ? La raison de douter est que les constitutions impériales ne parlent que des militaires qui sont entrés à l'armée fils de famille ; néanmoins Tertullien décide, et avec raison, que les biens dont nous parlons doivent appartenir au fils, et lui constituent un pécule castrense qui se trouve ainsi formé rétroactivement.

CHAPITRE III.

DROITS DU FILS SUR LE PÉCULE CASTRENSE.

—

Nous avons déjà vu que la législation Romaine ne reconnaissait pas au fils la qualité de propriétaire, et que le droit de propriété n'était susceptible d'appartenir qu'à un *paterfamilias*. On ne pouvait donc, sans violer ouvertement la loi, sans fouler aux pieds les principes les mieux établis de la législation, déclarer le fils propriétaire absolu des biens qu'il a acquis à l'armée ; et cependant il fallait, pour rendre efficace l'institution du pécule castrense, lui donner les droits les plus étendus sur ce pécule. Pour concilier le respect des traditions avec les nécessités d'une institution naissante, on eut recours à une fiction juridique, fiction qui nous montre à quel point les Romains reculaient devant l'abrogation d'anciennes dispositions législatives. On se garda bien de proclamer le fils propriétaire du pécule castrense, mais on tourna ingénieusement la difficulté en le considérant comme un *paterfamilias* par rapport à ce pécule. Delà pour le fils de famille une double personnalité dans la vie civile. Abstraction faite du pécule castrense, il continue d'être dans la situation que la loi Romaine lui a faite vis-à-vis de son père, situation de dépendance absolue et sans limite. Si au contraire nous l'envisageons spécialement *cum peculio castrensi*, il nous apparaît avec une physionomie juridique toute différente ; il a, par rapport à ce pécule, une personnalité distincte, indépendante de celle de son père ; il jouit, en un mot, sur son pécule, de tous les droits d'un *paterfamilias*.

Ce principe, qui caractérise si nettement la position du fils, et dont nous allons étudier les conséquences, est formulé par Ulpien dans la loi 11 *ad senatusconsultum Macedonianum* (l. 14, t. 6) : *Filiifamilias in castrensi peculio vice patrumfamilias funguntur*. Nous pouvons donc affirmer avec certitude que le fils, pendant sa vie, a sur son pécule, à l'exclusion du père, un droit absolu de disposition ; il est maître de l'administrer à sa guise, de l'aliéner par disposition entre-vifs ou testamentaire ; il a en un mot tous les droits, sauf un seul, celui d'avoir sur ce pécule des héritiers *ab intestat*. De là les conséquences suivantes :

1° Le fils seul a l'exercice des actions concernant le pécule castrense, et il peut les intenter, non-seulement sans avoir besoin du consentement de son père, mais même malgré la volonté de celui-ci. Il peut donc revendiquer les objets du pécule, intenter la publicienne, poursuivre les créanciers, agir enfin comme un *paterfamilias* (loi 4, § 1).

2° S'il est institué héritier par son compagnon d'armes ou par une personne qu'il a connue à l'occasion du service militaire, il pourra, de sa propre volonté et sans l'ordre de son père, faire adition de cette hérédité (loi 5).

3° Le fils peut seul affranchir un esclave du pécule, et acquérir sur lui les droits de patronage.

Une des conséquences les plus remarquables de cette assimilation du fils à un *paterfamilias* est celle qui est relative au sénatus-consulte Macédonien (1) : Ce sénatus-consulte, dit Justinien (Inst. l. 4, t. 7, § 7) a défendu de prêter de l'argent aux fils de famille, et toute action est refusée tant contre le fils, émancipé ou non, que contre le père ; le sénat, ajoute-t-il, l'a ainsi décidé parce que souvent les fils de famille, après avoir emprunté des sommes d'argent *quas in luxuriam consumebant*, attentaient ensuite à la vie de leurs ascendants. Le sénatus-consulte Macédonien, d'après les termes mêmes employés par Justinien, ne crée pas à proprement parler une incapacité d'emprunter pour les fils de famille : son but est seulement d'empêcher les usuriers de leur prêter de l'argent, et il a pour résultat plutôt de faire dénier l'action

(1) Le sénatus-consulte Macédonien aurait été rendu, d'après Tacite (annal. liv. 11, ch. 13), sous le règne de Claude (an de Rome 779) ; Suétone, au contraire, ne le fait remonter qu'à Vespasien. Pothier concilie ces deux opinions et pense qu'après avoir pris naissance sous le règne de Claude, il a été renouvelé sous celui de Vespasien. Son nom lui vient, d'après M. Hugo, d'un fils de famille appelé *Macedo* qui avait tué son père pour payer ses dettes avec les biens de sa succession ; c'est ce que dit formellement Théophile dans sa paraphrase. Ulpien au contraire, qui nous a transmis les termes de ce sénatus-consulte (loi 1, pr. D. l. 14, t. 6), semble faire entendre que Macedo était un usurier fameux qui prêtait de l'argent aux fils de famille ; c'est l'avis de Bach et de quelques autres historiens.

que d'annuler le prêt (1). Aussi ne défendait-il que le *mutuum* d'argent monnayé, parce que c'est le contrat usité avec les usuriers ; pour les autres emprunts, on suivait les règles ordinaires à moins qu'ils ne déguisassent un prêt d'argent.

Le Sénatus-consulte Macédonien, dont nous venons d'exposer en peu de mots la théorie, ne s'appliquait pas aux biens dont le fils avait la libre disposition, c'est-à-dire à son pécule castrense (2), toujours comme conséquence de cette fiction par laquelle il était traité *in rebus castrensibus* comme un *paterfamilias*. De là il résulte qu'un fils de famille militaire, s'il a un pécule castrense, peut emprunter de l'argent ; son créancier pourra donc le poursuivre sur les biens qui composent son pécule sans qu'il puisse lui opposer l'exception résultant du sénatus-consulte, et il pourra procéder aux actes d'exécution sur les biens du pécule. Tout cela nous est attesté formellement : 1° par Ulpien (loi 1 § 3, D. *ad senat. cons. Mac.* liv. 14, t. 6) : *si forte castrense peculium habeat, tunc senatusconsultum cessabit* ; 2° par Justinien lui-même (loi 7 § 1, Cod. *ad S. C. Mac.* l. 4, t. 28) : *sin autem miles filiusfamilias pecuniam creditam acceperit, sive sine mandato, sive consensu, vel voluntate, vel rati-*

(1) Le préteur procédait tantôt par refus d'action, tantôt par concession d'une exception. Il refusait l'action toutes les fois que, les faits étant reconnus par les parties elles-mêmes, il était constant que l'on se trouvait dans un des cas d'application du sénatus-consulte. Il procédait au contraire par l'insertion d'une exception dans la formule, quand quelques-uns des faits étaient à vérifier et que la question était douteuse. V. pour les exceptions au sénat. cons. les lois 12, 7 § 12 et 18 *ad senat. cons. Maced.*

(2) Il en serait de même du pécule *quasi-castrense.*

habitione patris, stare oportet contractum, nulla differentia introducenda, ob quam causam pecuniæ creditæ vel ubi consumptæ sint. In pleribus enim juris articulis filiifamilias milites non absimiles videntur qui sui juris sunt, et ex præsumptione omnis miles non creditur in aliud quidquam pecuniam accipere et expendere, nisi in causas castrenses.

Les créanciers d'un fils de famille militaire pourraient donc intenter contre lui une action, afin d'être payés avec les biens castrenses. C'est ce que dit Ulpien (loi 7. *de castr. pec.*) : Si le mari a un pécule castrense, il sera condamné *in id quod facere potest* (1) envers sa femme qui répète sa dot après la dissolution du mariage ; car il est tenu de désintéresser avec ce pécule ceux-là mêmes qui n'en sont pas créanciers.

Le fils peut avoir deux espèces de créanciers, ceux qui ont contracté avec lui avant son départ pour l'armée, et ceux dont il est devenu débiteur depuis qu'il est sous les drapeaux. Tous ces créanciers ont le droit de se faire payer sur les biens castrenses ; mais viendront-ils concurremment, ou bien y a-t-il entre eux des causes de préférence ? Telle est la question soulevée par Ulpien dans la loi 1 § 10, D. *de separationibus* (l. 42, t. 7). Ulpien la résout en faveur des *castrenses creditores*, c'est-à-dire de ceux qui ont contracté avec le fils depuis qu'il est à l'armée ; ceux-là seront payés sur les biens castrenses par préférence aux autres, qui auront la ressource d'agir contre le père par l'action de *in rem verso*, s'il a réellement profité de l'opération.

(1) C'est ce qu'on appelle le *bénéfice de compétence*.

Des obligations civiles peuvent intervenir entre le père et le fils à l'occasion du pécule castrense. Ainsi aucune vente ne peut avoir lieu entre un fils et son père ; *Sed de rebus castrensibus potest*, dit Ulpien (Loi 2, D. *de contrah. empt.* l. 18, t. 1). De même Papinien au livre 35 de ses *Quæstiones* : la stipulation qui intervient entre le père et le fils sera valable si elle a pour objet une chose du pécule castrense ; mais elle sera sans effet s'il s'agit de toute autre chose (loi 15 § 1, *de castr. pec.*). Un procès pourrait donc s'engager entre le père et le fils relativement aux biens castrenses ; c'est le seul cas où un fils puisse plaider contre son père : *Lis nulla nobis esse potest cum eo quem in potestate habemus, nisi ex castrensi peculio* (loi 4, de judiciis) ; néanmoins, par respect pour l'autorité paternelle, le fils doit obtenir *prætoris veniam* (loi 8, *de in jus vocando).*

Il existe une hypothèse assez curieuse, examinée par Papinien au livre 9 de ses *Responsa* (1), dont nous devons dire quelques mots, car elle nous fait voir à quel point le fils était traité comme propriétaire absolu de son pécule castrense. Un père de famille a deux fils ; l'un est *miles*, l'autre *paganus* ; il donne à son fils partant pour l'armée des objets qui lui constituent alors un *peculium castrense*. Mais ce père, *in jure errans*, a cru que les biens ainsi donnés n'entraient pas dans ce pécule et continuaient de lui appartenir en propriété. Dans cet état de choses, il meurt sans faire de testament, pour que son hérédité soit partagée également entre ses deux enfants ; il les charge seulement par fidéicommis d'affranchir un esclave qu'il

(1) Loi 23 § 2, D. *de fid. lib.*, l. 40, t. 5.

avait donné au fils militaire, et qui par conséquent fait partie du pécule castrense. Son intention est donc bien de faire peser l'*onus manumissionis* sur chacun des fils, et non pas sur un seul d'entre eux. Cela posé, Papinien se demande quel est celui des deux qui doit donner la liberté à l'esclave ? C'est le militaire seul, répond-t-il, et le *frater paganus* ne sera pas tenu *redimere partem ex fratre milite,* c'est-à-dire que le militaire ne pourra pas exiger de son frère la moitié de la valeur de l'esclave ; la raison en est, dit Fern. de Retes, que le père ne l'a probablement pas voulu, *quia faciliores sunt homines in rebus propriis legandis quam in alienis redimendis.* Voici du reste comment s'exprime Papinien : *portionem a fratre domino fratrem, eumdemque coheredem redimere non cogendum* ; et ces expressions donnent lieu à une critique assez vive de Fern. de Retes sur Cujas. Cujas pense que le mot *fratrem* désigne le fils militaire, et que Papinien dit, en parlant de lui, qu'il ne sera pas forcé de racheter la part de son frère ; aussi Cujas trouve-t-il que le mot *domino* est de trop, et doit être supprimé pour rendre la phrase intelligible. De Retes repousse cette correction, et veut au contraire que le texte de Papinien soit pris à la lettre : comment, en effet, le militaire pourrait-il être forcé de racheter la part de son frère puisqu'il est seul propriétaire de l'esclave entier ? Le mot *fratrem* ne désigne évidemment pas le fils militaire, mais bien le fils *paganus,* et Papinien veut dire que le frère *paganus* n'est pas forcé *redimere servum a fratre domino, id est milite,* c'est-à-dire de payer la moitié de la valeur de l'esclave à son frère *miles.* Le texte ainsi entendu se comprend à merveille, sans nécessiter aucune correction.

Nous arrivons au plus important des droits accordés au fils sur son pécule castrense, celui de disposer par testament des biens qui le composent. De l'institution du *peculium castrense* ne résultait pas nécessairement pour le fils le droit d'en disposer par testament, et le droit de tester n'était pas une conséquence forcée de la propriété de ce pécule donnée au fils (1). Il y avait pour lui un obstacle insurmontable qui l'empêchait de faire un testament, c'était sa qualité de fils de famille. Nous savons en effet que tout citoyen Romain ne peut pas tester; il faut avant tout, pour avoir ce droit, être *sui juris : non omnibus licet*, dit Justinien aux Institutes, *facere testamentum ; ii enim qui alieno juri subjecti sunt, testamenti faciendi jus non habent.* Le fils de famille ne pouvait donc pas tester sur son pécule castrense, parce qu'il était fils de famille, et qu'il faut être *paterfamilias* pour avoir la *factio testamenti* active. C'est là la véritable raison de cette ingénieuse fiction dont nous avons déjà parlé, et au moyen de laquelle le fils de famille est traité comme un *paterfamilias* pour tout ce qui concerne son pécule castrense ; cette fiction a eu surtout pour but de lui donner la faculté de faire un testament. Du moment donc qu'un *peculium castrense* appartient à un militaire, sa qualité de fils de famille est effacée ; elle a disparu relativement au pécule ; nous sommes en présence d'un *paterfamilias*, qui a par conséquent le droit de tester (2). Et non-seulement il peut tester, mais il jouit encore de

---

(1) Cela est tellement vrai que le droit de tester sur le pécule *quasi-castrense* fut accordé fort longtemps après la création de ce pécule.

(2) Cette faculté de tester fut accordée aux fils de famille militaires par les empereurs Auguste, Nerva et Trajan, et aux vétérans par Adrien.

priviléges considérables relatifs à la forme et au fond du testament, priviléges qui nous sont exposés aux Institutes, au titre *de militari testamento :*

1° Priviléges de forme. — Les militaires sont dispensés, pour leur testament, de toutes les formes du droit commun ; de quelque manière que leur volonté soit attestée, par écrit ou sans écrit, le testament est valable par l'effet seul de leur volonté, pourvu qu'il ait été fait *in castris* et que le militaire soit mort moins d'un an depuis son congé (1). Ces priviléges leur ont été accordés, dit Justinien, *propter nimiam imperitiam ;* ce n'est pas là le véritable motif, et M. Ortolan fait remarquer que c'est bien plutôt à cause de leur qualité de soldats, puisque les priviléges portaient même sur des conditions de capacité et que, d'ailleurs, ils n'en jouissaient qu'à l'armée, en expédition.

2° Priviléges touchant le fond du droit. — Les militaires pouvaient instituer héritiers les déportés et presque tous ceux avec lesquels on n'avait pas faction de testament, ou qui n'avaient pas le *jus capiendi*, c'est-à-dire le droit de recueillir l'hérédité qui leur était déférée (2) ; tels étaient encore au temps de Gaïus les *peregrini*, les Latins Juniens, les célibataires, les *orbi*. Ils n'étaient pas soumis à la nécessité d'une déclaration formelle pour exhéréder leurs enfants ; leur testament n'était pas rescindé comme inofficieux ; ils pouvaient léguer plus des trois quarts de leurs biens malgré la loi Falcidie,

(1) Une fois cette année écoulée, le testament doit être refait dans les formes ordinaires.

(2) D. loi 13, § 2, l. 29, t. 1.

mourir *partim testati, partim intestati*, par conséquent avoir plus d'un testament et disposer de leur hérédité même par codicilles. Enfin leur testament, bien que devenu *irritum* par leur *minima capitis deminutio*, était censé ne pas l'être et restait valable *quasi militis ex nova voluntate*.

Remarquons que le fils de famille revenu dans ses foyers conserve toujours le droit de disposer par testament de son pécule castrense ; seulement comme il n'est plus soldat, il ne peut pas bénéficier des priviléges du testament militaire ; il doit tester, comme un *paganus*, suivant les règles du droit commun.

Nous venons de dire qu'un militaire pouvait décéder *pro parte testatus et pro parte intestatus*, c'est-à-dire avec un héritier légitime et un héritier testamentaire. Ceci nous conduit à l'explication de la loi 19, § 2 *de cast. pec.*, dans laquelle Tryphoninus examine l'espèce suivante : Un fils de famille est revenu de l'armée avec un pécule castrense, dont il dispose par testament ; étant *paganus* au moment où il fait ce testament, il est soumis à toutes les règles du droit commun, tant pour la forme que pour le fond même du droit. Puis il meurt, ignorant que son père lui-même est décédé et qu'il en est *heres suus*. Ce fils est donc mort ayant dans son patrimoine deux sortes de biens, l'hérédité de son père et le *peculium castrense* dont il a disposé. S'il eût été militaire, aucune difficulté ne pouvait naître, puisqu'il aurait pu mourir *partim testatus, partim intestatus*, et laisser ainsi un héritier testamentaire pour le pécule, un héritier légitime pour les autres biens. Mais il est *paganus* et la maxime ne peut lui être appliquée ; il faut donc que l'héritier qu'il a institué ait tout ou rien. Que prendra cet héritier ? Tryphoninus décide qu'il prendra l'universalité des biens, non-seulement le pécule, mais encore l'hérédité du père ; car on peut assimiler ce fils testateur à un homme qui, se croyant très-pauvre au moment où il fait son testament, serait mort après avoir été enrichi à son insu, *perinde ac si pauperrimus facto testamento decessisset, ignorans se locupletatum per servos alio loco agentes.*

Du droit de tester accordé au fils de famille il résulte évidemment qu'on doit lui appliquer le bénéfice de la loi *Cornelia de falsis*, plébiscite voté vers l'an 686 de Rome, sous la dictature de Sylla. Jusqu'à cette époque, le testament de celui qui était fait prisonnier par l'ennemi devenait *irritum* par la perte de la liberté : mais la loi nouvelle ayant puni celui qui falsifierait cet acte, on en conclut qu'il était valable ; et comme un captif ne peut pas avoir d'hérédité, on en vint à supposer, par respect pour les principes, qu'il était mort au moment même où il avait été pris ; telle est la fiction de la loi Cornelia (Sent. de Paul l. 3, t. 4, § 8).

Supposons donc un fils de famille qui, après avoir fait son testament, tombe au pouvoir de l'ennemi ; il subit, en perdant la liberté, la *maxima capitis deminutio* qui annule son testament. S'il parvient à s'échapper, son testament est valable *jure postliminii*, parce qu'il est censé n'avoir jamais été prisonnier ; s'il meurt chez l'ennemi, ce testament est encore valable en vertu de la loi Cornelia qui le considère comme étant mort au moment même où il a été fait prisonnier. Remarquons que cette loi Cornelia est bien antérieure à l'apparition du *peculium castrense* dans la législation romaine ; et comme elle a été votée à une époque où les fils de famille ne pouvaient pas tester, il en résulte qu'elle ne parlait que des *patresfamilias*. La création du pécule castrense ayant donné plus tard aux fils de famille militaires la capacité de tester, on jugea utile d'étendre, à leur profit, les termes de la loi Cornelia. Tout cela du reste est attesté par Papinien au liv. 27 des *Quæstiones* (loi 14, p. de notre titre) : *Filiusfamilias miles si captus apud hostes vita fungatur, lex Cornelia subveniet scriptis heredibus.*

Il est un autre avantage dont jouit le fils de famille qui teste sur son pécule castrense, c'est celui de tester valablement quand même il serait *incertus de suo statu, id est etsi de statu suo filiifamilias vel patris ignoraret vel dubitaret.* Il est de principe que celui qui ignore ou qui doute s'il est *sui juris* ou *alieni juris* ne peut pas faire de testament ; cela est dit formellement par Paul (loi 14, D. *qui testam. facere possunt*), et par Ulpien (loi 15 du même titre) qui s'exprime ainsi : *de statu suo dubitantes vel errantes testamentum facere non possunt, ut divus Pius rescripsit.* Cette règle ne s'applique pas au fils de famille, militaire ou vétéran, qui dispose par testament de son pécule castrense. Voici, en effet, ce que nous trouvons dans la loi 1, § 8 D. *de bon. poss. sec. tab.* (l. 27, t. 11) : Ulpien décide d'abord que si un fils de famille, croyant être *paterfamilias*, a fait un testament, on ne peut donner la *bonorum possessio secundum tabulas* à l'héritier qu'il a institué, quand même, au moment de sa mort, le testateur se trouverait être réellement *sui juris*, parce que le préteur exige que la capacité de tester existe à la double époque de la confection du testament et de la mort. Mais, ajoute Ulpien, si un fils de famille, militaire ou vétéran, a testé *de castrensi peculio*, on devrait accorder la *bonorum possessio, licet emancipatus decedat*, et par conséquent *licet ignorasset de statu suo* (1); c'est ce qui résulte également du fragment de Tryphoninus que nous avons expliqué plus haut (loi 19, § 2 de notre titre), dans lequel il suppose qu'un fils de famille vétéran a fait son testament, puis est mort ignorant que le prédécès de son père l'a rendu *paterfamilias*. Quel est le motif de cet avantage accordé au fils de pouvoir tester *de castrensi peculio* quand même *de statu suo dubitaret vel ignoraret ?* C'est évidemment le suivant : celui qui a un pécule castrense peut faire un testament, qu'il soit d'ailleurs fils de famille ou *paterfamilias*, *sui juris* ou *in aliena potestate* ; dès lors il est certain, quel que soit son *status*, qu'il aura toujours eu la capacité de tester (2).

L'hérédité résultant du testament d'un fils de famille disposant de son pécule castrense est-elle, à tous les points de vue, une véritable hérédité ? Telle est la question par l'examen de laquelle nous terminerons cette section.

Si nous supposons que l'héritier institué par le fils a

(1) *Novus Thesaurus* de Meerman, t. 6, p. 254.

(2) On peut également consulter sur ce point la loi 11, § 1 *de testamento militis*, et la loi 9 *de jure codicillorum*.

fait adition, cette question ne soulève aucune difficulté; et il faut dire sans hésiter qu'il y a là une véritable hérédité, à laquelle il faut appliquer toutes les règles ordinaires. Elle pourra donc donner lieu à la pétition d'hérédité, et à l'action *familiæ erciscundæ,* l'héritier sera obligé de payer les dettes *ultra vires*, etc....

Si au contraire l'héritier institué n'a pas encore fait adition, la question devient plus délicate, et nous avons à nous demander si le pécule castrense doit être considéré comme une *hereditas jacens* à laquelle, par conséquent, on puisse appliquer la maxime : *hereditas jacens in plerisque vicem defuncti sustinet.* Le doute qui plane sur la question forme déjà une différence notable entre le testament du fils et celui d'un véritable *paterfamilias.* Si en effet le testateur est père de famille, aussitôt après sa mort il y a une hérédité qui est dite *jacens* jusqu'à l'adition (1). Mais en est-il de même du testament du fils ?

Le président Favre voyait là une véritable *hereditas jacens ;* et, en effet, disait-il, si on rejette cette fiction, il faudra décider que les biens sont sans maître *in medio tempore ;* nous retombons alors dans l'inconvénient qu'on a voulu éviter en créant la fiction, et nous sommes

---

(1) Fernandez de Retes nous indique les motifs de cette fiction : *Quæ fictio introducta fuit, ne inter moras adeundæ hereditatis bona vacarent, essentve sine domino per quem transire possent jura hereditaria in heredem postea adeuntem. Quoniam si posset dari medium instans quo sine domino bona essent, hoc ipso induceretur medium inhabile secundum Philosophos, quod impediret conjunctionem extremorum, nec posset omni tempore retro currere dominium ab herede ad testatorem, contra regulam et fictionem. Alias rationes cumulant nostri auctores ; ne bona, si vacarent, Fisco deferrentur ut vacantia, vel ne cederent occupanti si manerent nullius in bonis.*

obligés d'admettre que le fisc peut s'en emparer comme biens vacants, ou que le premier occupant peut se les approprier comme *res nullius*.

Fernandez de Retes repousse énergiquement cette opinion ; il s'étonne qu'un esprit aussi éminent n'ait pas vu le danger d'une pareille doctrine : si le pécule du fils devient une hérédité aussitôt après sa mort, il cesse donc d'être un pécule ; une même chose ne peut pas être à la fois pécule et hérédité, puisque l'hérédité suppose un *paterfamilias* et le pécule un *filiusfamilias* (loi 182 *de Verb. Sig.*). Si donc le *peculium castrense* devient une hérédité en cessant d'être un pécule, il va arriver, si l'héritier institué refuse de faire adition, que les biens ne pourront en aucune façon faire retour au père : ils ne le pourront pas *jure peculii* puisqu'il n'y a plus de pécule ; ils ne le pourront pas *jure hereditatis*, parce que *jus illud non habet pater in bonis filii* (1). Il est donc nécessaire, pour que les biens castrenses puissent faire retour au père si l'héritier ne fait pas adition, de décider que le pécule n'est une véritable hérédité qu'après l'adition.

Ce raisonnement nous semble irréfutable, bien qu'au premier abord il puisse paraître un peu subtil ; il est, d'ailleurs, parfaitement en harmonie avec la loi 19 § 5 de notre titre, où Tryphoninus, dans une hypothèse assez compliquée, donne la même décision. Mais alors que seront les biens castrenses jusqu'à l'adition ? A qui appartiendront-ils ? Seront-ils *sine domino* ? De Retes avoue que cette difficulté l'a longtemps embarrassé, et qu'il ne

(1) V. loi 2 de *castrensi peculio* dont voici le texte : Si le fils de famille militaire est décédé sans avoir fait de testament, les biens formant son pécule sont déférés à son père *non comme succession, mais comme pécule*.

l'a trouvée résolue dans aucun auteur ; après de longues hésitations, il croit en trouver la solution dans les expressions mêmes qu'emploie Tryphoninus en parlant du pécule : *cum medium tempus quo deliberant instituti heredes* IMAGINEM SUCCESSIONIS *præstiterit*. Il ne faut voir là ni un *peculium jacens*, ni une *hereditas jacens*, mais quelque chose d'intermédiaire, une *imago hereditatis jacentis*, c'est-à-dire que les biens doivent être traités absolument *comme si c'était une véritable hereditas jacens*, et qu'il faut leur en appliquer toutes les règles et entre autres la maxime précitée : MANERE BONA JACENTIA CUM ILLO EODEMQUE JURE, QUOD HABET IN PATRIMONIO PATRISFAMILIAS HEREDITAS JACENS. *Itaque*, ajoute de Retes, *nec sunt hereditas jacens, nec peculium jacens, quoniam si essent hereditas jacens, non possent destituto testamento ad patrem recurrere jure peculii. Si verò essent peculium jacens, adeuntes heredes instituti non consequerentur illa a testatore, sed a patre ; retinerent enim naturam peculii et nomen retinerent.*

Voici la conséquence de cette théorie : Si l'héritier institué par le fils fait adition, il y aura eu une véritable *hereditas jacens*, qui aura pu acquérir de nouveaux biens et qui passera directement de la tête du fils sur celle de l'héritier. Si au contraire cet héritier répudie, notre fiction n'a plus de raison d'être ; elle disparaît, et les biens retournent au père *jure peculii*.

Un texte de Papinien paraît contraire à la doctrine que nous venons d'exposer ; c'est la loi 18, p. de *stipulatione servorum* (D. l. 45, t. 3). Voici l'hypothèse : Un esclave appartient pour une moitié à Mœvius et pour l'autre moitié au pécule castrense d'un fils de famille ; ce fils meurt après avoir testé, et pendant que l'héritier institué délibère, le *servus communis* acquiert par stipulation un objet quelconque. A qui profitera l'acquisition ? D'après notre théorie, suivant laquelle nous traitons les *bona jacentia* comme si c'était une *hereditas jacens*, l'acquisition devrait profiter pour moitié à Mœvius, et pour moitié à cette *imago hereditatis jacentis* (1). Or Papinien décide que l'acquisition ne profitera qu'à Mœvius *qui solus interim dominus invenitur :* l'hérédité du fils n'a rien pu acquérir, puisqu'elle n'existe pas encore et n'existera qu'après que le testament aura été confirmé par l'adition ; les constitutions impériales lui ont permis de tester sur son pécule castrense ; mais rien de plus, et ce privilége cesse *priusquàm testamentum aditione fuerit confirmatum.* Papinien dit donc exactement le contraire de ce qu'a dit Tryphoninus dans la loi 19 § 2 où il appelle le pécule une *imago successionis.* Mais ce qu'il y a de plus bizarre, c'est que Papinien paraît se contredire lui-même dans la loi 14, § 1 *de castr. pec.*, où il décide que « ce que l'esclave a » acquis par stipulation ou par tradition, pendant que » les héritiers institués par le fils délibèrent s'ils accep» teront la succession, est sans effet à l'égard du père, » quand même le pécule lui reviendrait, faute d'adition » de la part des héritiers, *parce que cet esclave ne lui a » pas appartenu pendant le temps intermédiaire* ; mais » pour ce qui regarde les héritiers institués, *la tradition*

(1) En effet, dit Justinien, comme l'hérédité, dans la plupart des cas, représente la personne du défunt, la stipulation faite par l'esclave héréditaire avant l'adition d'hérédité est acquise à l'hérédité, et par là même à celui qui devient plus tard héritier (Inst. l. 3, t. 17, pr.)

» *et la stipulation sont censées être en suspens, car c'est* » *l'acceptation de la succession qui fait que cet esclave est* » *censé héréditaire.* » De ce texte il résulte que si les héritiers font addition, l'esclave aura acquis pour eux ; mais alors Papinien traite ici le pécule comme s'il était une véritable *hereditas jacens.*

Comment sortir de cette difficulté ? Le voici : il est certain que le *dominium* de cette *imago hereditatis jacentis* n'est pas définitif ; il ne le sera que si les héritiers institués font adition, et nous serons alors en présence d'une véritable hérédité. Tout est donc en suspens jusqu'à ce moment ; et toute acquisition faite pendant le temps intermédiaire est elle-même en suspens. Dès lors on comprend très-bien la décision de Papinien dans la loi 18 *de stipul. servor.* ; il décide que la stipulation faite par le *servus communis* profitera à Mœvius seul, en ce sens qu'il a acquis irrévocablement pour sa part, et provisoirement *pro parte peculii* ; car, si l'héritier fait adition, son acceptation rétroagit au jour du décès du fils, et le pécule aura pu acquérir parce qu'il aura été une hérédité ; il s'ensuit que Mœvius devra restituer à l'héritier acceptant la moitié de l'objet acquis. On peut donc s'expliquer que Papinien déclare Mœvius seul propriétaire de l'esclave pendant le temps intermédiaire, *quoniam penes imaginem hereditatis jacentis dominium est revocabile, et potest evanescere si destituatur testamentum.* On comprend également qu'il décide que l'acquisition ne doit jamais profiter au père, quand même le pécule lui ferait retour *non adeunte herede* ; Papinien repousse simplement par cette décision le principe de rétroactivité ; et nous verrons en effet dans le chapitre suivant que c'était une question fort débattue entre les jurisconsultes Romains, de savoir si, l'héritier institué par le fils n'ayant pas fait adition, il y a rétroactivité en faveur du père, c'est-à-dire si dans ce cas le père est censé avoir été toujours propriétaire du pécule. Tryphoninus rejette cette rétroactivité dans la loi 19 § 5 où il dit que « si un fils a » fait un testament et que l'héritier institué répudie, on » ne peut pas dire aussi facilement que s'il était mort » intestat *qu'il y a eu continuation de propriété de lui à* » *son père.* » D'après cette solution de Papinien et de Tryphoninus, le père n'aura jamais, quoi qu'il arrive, été propriétaire du pécule pendant le temps intermédiaire, et l'acquisition ne saurait lui profiter.

Le texte de Papinien ainsi entendu est en parfaite harmonie avec notre doctrine, et nous pouvons tenir pour certain que, si le pécule n'est pas une véritable *hereditas jacens*, il faut néanmoins le traiter de même et lui en appliquer toutes les régles.

CHAPITRE IV.

DROITS DU PÈRE SUR LE PÉCULE CASTRENSE.

Nous venons de voir que le fils a seul le droit d'administrer le pécule castrense et d'en disposer ; il en résulte que, tant que le fils vit, le père n'a aucun pouvoir sur ce pécule qui échappe entièrement à son autorité. Il n'en peut donc rien retenir quand il fait sortir son fils de sa famille, soit en le donnant en adoption, soit en lui conférant le bénéfice de l'émancipation (loi 12).

De même si nous supposons que le fils est copropriétaire d'un immeuble avec un étranger, il faut décider que le père ne peut pas intenter l'action *communi dividundo*. Cela tient à ce que, en droit romain, le partage est, non pas déclaratif, mais translatif de propriété ; et le père n'a pas le droit d'aliéner la part indivise du fils.

Les droits du père n'apparaissent qu'à la mort de son fils, lorsque ce dernier est décédé sans avoir disposé par testament de son pécule castrense ; dans ce cas, ce pécule fait retour au père qui est censé en avoir toujours été propriétaire. Nous aurons à développer cette proposition.

Quelle est donc au juste la situation du père ? Qui est en réalité, théoriquement parlant, propriétaire du pécule castrense ? On décide généralement que c'est le fils, puisqu'il a le droit d'en disposer ; seulement, s'il est mort sans avoir usé de son droit de disposition, le père en devient propriétaire ; et, par un effet rétroactif attribué à cette acquisition, il est considéré comme l'ayant toujours été dès le principe. D'autres jurisconsultes, au nombre desquels nous trouvons Cujas, pensent au contraire que c'est le père qui est propriétaire, même *vivo filio*, du pécule castrense, mais que le droit d'administration et de disposition appartient au fils seul. Si le fils dispose de son pécule, il anéantit le droit de propriété de son père ; si au contraire il meurt sans avoir fait aucun acte de disposition, la propriété n'est pas acquise au père qui l'a toujours eue ; elle reste intacte ; il acquiert seulement, par le décès de son fils, le droit d'administration et de disposition qu'il n'avait pas auparavant. Jean de Immola exprime fort bien cette idée en disant que, dans ce cas, le pécule castrense n'est autre chose qu'un pécule profectice qui a toujours appartenu au père : *si filius non disponat, peculium castrense censeri profecticium, et sic a retro semper fuisse patris.* Cujas professe également cette doctrine dans ses *Recitationes* (1) ; il se demande si le père peut grever de servitude un fonds du pécule castrense : *cur*, dit-il, *de hac re dubitamus ?* QUIA IPSO JURE PATER EST DOMINUS PECULII CASTRENSIS ;

(1) *Recitat. ad lib. 2 de servitutibus.*

omnia patri adquiruntur jure patrio, etiam castrensia. Privilegium tamen habet in castrensi peculio filiusfamilias ut in eo habeatur pro patrefamilias. Sed hoc privilegium non omnino abrogat jus patrium in peculio filii. Le même jurisconsulte dit également dans un autre fragment de ses *Recitationes : respondeo servum castrensem et generaliter totum peculium ipso jure ad patrem pertinere* JURE DOMINII. *Ideo filio intestato mortuo, non dicitur adquiri patri, sed non adimi, quasi semper ejus fuerit.*

On pourrait peut-être concilier ces deux systèmes en se servant du langage du droit français. On pourrait dire que le fils n'a sur les *bona castrensia* qu'un droit de propriété sous condition résolutoire et que le père a, sur ces mêmes biens, un droit de propriété sous condition suspensive. Si le fils meurt intestat, la condition, résolutoire à l'égard du fils et suspensive à l'égard du père, s'est réalisée ; le droit du premier est rétroactivement anéanti, en ce sens qu'il est censé n'avoir jamais été propriétaire du pécule ; le droit du second est rétroactivement ouvert, en ce sens que le père est réputé avoir toujours été propriétaire du pécule. Si, au contraire, le fils meurt, la condition à laquelle était subordonné le droit du père ne s'est pas accomplie : le père n'a donc jamais été propriétaire du pécule castrense et le fils n'a pas cessé de l'être un instant.

Ce sont là toutefois des idées purement françaises et trop peu en harmonie avec leur législation pour que les jurisconsultes romains les aient admises ; et la théorie de Cujas, qui considère le père comme seul propriétaire du pécule castrense en donnant au fils le droit d'en disposer et de l'administrer, a le grand avantage d'être conforme aux idées romaines, d'après lesquelles un fils de famille ne pouvait pas être propriétaire. Nous ne voyons dans aucun texte que le fils soit déclaré propriétaire du pécule castrense ; nous y trouvons seulement qu'il a tous les droits d'un *paterfamilias*, ce qui n'est pas la même chose : *Filiifamilias*, dit Ulpien, *in castrensi peculio vice patrumfamiliarum funguntur* (loi 2 *ad senat. cons Mac.)*. Paul dit également : *filium quodammodo dominum existimari* ; il ne dit pas qu'il est réellement *dominus*, mais *quodammodo dominus*. Aucune constitution impériale n'a donné expressément au fils la propriété de ce pécule : cela est si vrai qu'on a imaginé une fiction pour lui permettre d'en disposer, et le silence des textes sur l'attribution au fils de la propriété du pécule nous autorise à croire que l'on n'a pas fait autre chose que de retirer au père, pour le donner au fils, le droit d'administration et de disposition des *bona castrensia*.

Le père se trouve alors dans la situation d'un propriétaire qui ne peut pas disposer de sa chose. Il n'y a rien d'étonnant à cela, et ce n'est pas le seul exemple d'une semblable situation. Le mari, bien que propriétaire du fonds dotal, ne peut cependant l'aliéner ; de même un interdit ne peut disposer de ses biens ; et ce qui vient encore confirmer la théorie que nous exposons en ce moment, c'est que nous avons précisément un texte qui assimile le père à l'interdit et au mari propriétaire du fonds dotal. Ainsi Mœcien (loi 18, § 2, *de cast. pec.)* parle de l'associé du fils qui traite avec le père des affaires de la société ; ce traité sera nul, *veluti si cum eo ageret, cui bonis interdictum est ;* et dans le même texte, Mœcien décide que le père, tant que son fils vit encore, ne peut aliéner la propriété du pécule, *de même que le mari ne peut pas aliéner celle du fonds dotal.*

Cette manière d'envisager la situation du père vis-à-vis du pécule nous explique comment certains actes faits par lui pendant la vie de son fils sont déclarés valables. Ainsi Pothier pose en principe que si le père ne peut détériorer le pécule du fils, il peut cependant l'améliorer ; il peut, par exemple, acquérir des servitudes actives, ou libérer les fonds des servitudes passives (loi 18, § 3) : *id enim*, dit le texte, *et eum cui bonis interdictum est verum est consequi posse.* Il faut même aller plus loin : la loi 18, § 2 accorde au père le droit de faire tous les actes de disposition qui ne doivent produire d'effet que dans l'avenir ; la validité de ces actes restera en suspens jusqu'à la mort du fils ; s'il meurt intestat, ils auront été valables ; s'il meurt testat, ils auront été nuls *ab initio.* Si donc le père fait un paiement avec l'objet compris dans le pécule, il paie avec la chose d'autrui et n'opère à son profit aucune libération (loi 90, § 3 *de solut. et liber.*): si, au contraire, il lègue un objet du pécule, ce legs n'est pas frappé de nullité ; il pourra valoir en cas de prédécès du fils sans testament (loi *44 de legatis 1°*).

Il est difficile d'expliquer la validité autrement que par ce que le père est propriétaire du pécule sans avoir toutefois le droit d'en disposer ; c'est en vertu du même principe que l'on déclare nul *a priori* l'affranchissement par la vindicte d'un esclave du pécule, tandis que l'affranchissement testamentaire sera valable si le fils meurt intestat ; nous reviendrons du reste prochainement sur cette hypothèse.

On pourrait, il est vrai, nous opposer que les exemples précédents sont en contradiction avec notre théorie. Si, en effet, le père est réellement propriétaire du pécule *vivo filio*, pourquoi ne pas valider même les actes qui doivent produire leur effet immédiatement, et ne déclarer valables que ceux qui produiront effet seulement dans l'avenir ? La contradiction n'est qu'apparente, et cette distinction vient au contraire confirmer notre système ; elle prouve une seule chose, c'est que le père, tout en étant propriétaire du pécule, n'a cependant pas le droit d'en disposer ni même de l'administrer pendant la vie du fils ; et c'est là précisément ce que nous avons voulu démontrer.

Quoi qu'il en soit, cette discussion n'a, en définitive, qu'un intérêt purement théorique, et ce qu'il importe surtout d'examiner et de bien préciser, c'est la situation qui est faite au père vis-à-vis du pécule castrense ; ce sont ses droits sur ce pécule.

Nous venons de voir que, pendant la vie du fils, ils sont à peu près nuls, sauf quelques cas exceptionnels ; il faut maintenant examiner ce qui arrive à la mort du fils.

Quatre cas peuvent se présenter :

1° Le fils a institué dans son testament un héritier qui a fait adition ;

2° Le fils est mort intestat ;

3° L'héritier institué par le fils n'a pas fait adition ;

4° Le fils a institué son père héritier.

Nous devons examiner successivement ces quatre hypothèses.

I. — Le fils a institué dans son testament un héritier qui a fait adition.

En pareil cas, le père n'a aucun droit sur le pécule, qui est censé ne lui avoir jamais appartenu. Le fils avait le droit de disposer des *bona castrensia ;* il l'a fait ; ces biens échappent entièrement au père et sont acquis définitivement à l'héritier institué. Le père n'a aucune réclamation à élever, puisque la totalité du pécule est disponible entre les mains du fils. Il n'a pas ce que nous appelons en droit français une *réserve,* ainsi que nous l'atteste formellement Pomponius, lorsqu'il dit qu'il n'est rien dû au père sur les biens castrenses de son fils : *ex notâ Marcelli constat nec patribus aliquid ex castrensibus bonis filiorum deberi* (loi 10).

Nous n'avons rien à dire sur cette première hypothèse. La seule question qui pouvait se présenter était celle de savoir si, jusqu'à l'adition, le pécule est une véritable *hereditas jacens* à laquelle on puisse appliquer dans toutes ses conséquences la règle : *hereditas jacens in plerisque vicem defuncti sustinet ;* nous avons examiné et résolu cette question dans le chapitre précédent, et nous avons décidé que si ce pécule n'était pas, dans l'exactitude juridique des termes, une véritable *hereditas jacens,* il fallait cependant lui en appliquer toutes les règles.

II. — Le fils est mort intestat.

Si on admet avec Cujas et d'autres jurisconsultes que

le père, *vivo filio*, est propriétaire du pécule castrense, et que le fils a seulement le droit d'en disposer en vertu des constitutions impériales, la conséquence de cette théorie est que, si le fils est mort sans avoir usé de son droit de disposition, les biens castrenses restent au père qui en a toujours été propriétaire et dont la propriété se complète, à la mort du fils, par le droit de disposition qu'il n'avait pas auparavant. Aussi dit-on qu'en pareil cas les biens castrenses *ad patrem recurrunt jure pristino, sive jure peculii*. Ces expressions *jure peculii* signifient que c'est à titre de pécule et non à titre de succession que le pécule castrense fait retour au père ; *eo jure et modo*, dit de Retes, *quo peculium quodlibet paganum seu profecticium apud eum resideret, mortuo filio qui illud administrabat*. Ceux qui considérent le fils comme propriétaire du pécule castrense disent alors que, le fils mourant intestat, les biens sont déférés au père avec un effet rétroactif attaché à cette acquisition, c'est-à-dire que le père, bien qu'en réalité il ne devienne propriétaire qu'au décès du fils, est censé l'avoir toujours été dès le principe. Le résultat, du reste, est exactement identique dans les deux systèmes.

Ce que nous venons de dire est attesté par Ulpien dans la loi 2 de notre titre : *Si filiusfamilias decesserit, si quidem intestatus, bona ejus* NON QUASI HEREDITAS, SED QUASI PECULIUM *patri deferuntur ;* les empereurs Dioclétien et Maximien expriment la même idée dans ce rescrit : *Intelligis, filio qui militavit defuncto, peculium ejus penes patrem remansisse, non hereditatem patri quœsitam* (loi 5, Code de *Castr. pec.* l. 12, t. 37). Ainsi ce n'est pas une succession, c'est un pécule que le père prend, et un pécule qui n'a jamais cessé de lui appartenir.

De là plusieurs conséquences importantes.

D'abord, n'étant pas héritier, il n'est pas tenu de payer les dettes du fils *ultra vires ;* il sera poursuivi par les créanciers *de peculio,* c'est-à-dire pendant un an seulement à partir de la mort du fils et jusqu'à concurrence du pécule. C'est ce qui résulte de la loi 17, pr. de notre titre, où Papinien s'exprime ainsi : *pater qui castrense peculium intestati filii retinebit, œs alienum, intra modum ejus et annum utilem, jure prœtorio solvere cogitur.*

Une seconde conséquence est relative au moyen qu'emploiera le père pour se mettre en possession des *bona castrensia.* S'il était véritablement héritier de son fils, il intenterait la *petitio hereditatis* et réclamerait, au moyen de cette action, le pécule en bloc comme une *universitas juris.* Mais cette voie lui est fermée, car il n'agit pas comme héritier, mais comme propriétaire ; il devra donc intenter la *rei vindicatio* et réclamer séparément et en détail chacun des objets qui composent le pécule.

Nous avons dit, un peu plus haut, que certains actes faits par le père, même *vivo filio,* pouvaient être valables ; et nous avons même posé en principe que, si le père ne pouvait pas faire les actes destinés à produire un effet immédiat, il pouvait du moins faire ceux qui ne doivent produire leur effet que dans l'avenir. Cette théorie se manifeste au plus haut degré dans la matière des affranchissements, et nous trouvons dans notre titre les deux hypothèses suivantes qui la confirment en tous points :

1° La loi 19, § 4 de *Castrensi peculio* suppose que le

père a, du vivant du fils, affranchi un esclave du pécule au moyen de la *vindicte;* Tryphoninus déclare sans hésiter que cet affranchissement est nul quand même le fils mourrait *intestat.* La raison de cette nullité est que l'affranchissement *vindicta* doit produire un effet immédiat ; or, au moment où le père a affranchi l'esclave, il n'avait pas le droit de disposer des objets du pécule ; il n'a donc pas pu donner la liberté à l'esc. .e ;

2° Le même jurisconsulte dans la loi 19, § 3 pose l'espèce suivante : Pendant la vie du fils, le père a affranchi un esclave castrense, non plus *vindicta,* mais par testament ; puis le fils meurt intestat et le père lui-même vient à décéder ; l'esclave sera-t-il libre ? Il y avait deux raisons principales d'en douter, et Tryphoninus les expose successivement.

La première c'est qu'un esclave ne peut appartenir à la fois à deux personnes différentes : *occurrebat non posse dominium apud duos pro solido fuisse;* si le fils a le droit d'affranchir l'esclave de son pécule, il faut nécessairement décider que le père ne le peut pas, parce que le *jus manumittendi* ne peut appartenir qu'à l'un des deux. Or l'empereur Adrien a décidé que le fils peut affranchir l'esclave du pécule castrense ; il est donc certain que le fils peut, sa vie durant, donner la liberté à cet esclave ; la conséquence est que le père n'a pas ce droit.

En second lieu, si nous supposons que le père et le fils aient à la fois affranchi un esclave, personne ne doutera que cet esclave ne tienne sa liberté du fils, et non du père ; c'est donc que le père ne peut pas l'affranchir valablement.

Malgré ces raisons de douter qui paraissent embarrasser Tryphoninus, il se prononce néanmoins en faveur de la liberté et déclare valable l'affranchissement testamentaire fait par le père, même *vivo filio*. En effet, outre la faveur si grande accordée aux affranchissements, il faut bien admettre que le père qui, au décès de son fils mort intestat, se trouve avoir toujours été propriétaire du pécule, a pu faire un acte qui n'a porté aucune atteinte aux droits du fils pendant sa vie : *Numquid quod utatur jure concesso filius in castrensi peculio, eo usque jus patris cessaverit. Quod si intestatus decesserit filius, postliminii cujusdam similitudine, pater antiquo jure habeat peculium, retroque videatur habuisse rerum dominia.* On voit cependant d'après les expressions de Tryphoninus qu'il règne encore un certain doute dans son esprit, et que sa solution est principalement motivée par la *favor libertatis*.

De ce que le pécule attribué au père *jure peculii* n'est pas une hérédité, dérive une autre conséquence relative à la *collatio bonorum ;* il en est question dans la loi 1, § 22 D. *de collatione bonorum* (L. 37, t. 6). Lorsqu'un enfant émancipé arrive à la succession de son père, le préteur, pour rétablir l'égalité entre tous les enfants, l'oblige à *conferre* (ou à *rapporter*, dirions-nous en droit français) tous les biens qu'il a acquis depuis l'émancipation. Ulpien snppose une personne se trouvant dans le cas de faire la *collatio*, et qui de plus a un fils ayant lui-même un pécule castrense : la question est de savoir si le père devra *conferre* les biens du pécule. Si le fils est actuellement vivant, la *collatio* n'est pas nécessaire, car le père, n'ayant aucun droit sur ce pécule, doit être considéré comme lui étant étranger. Mais si le fils est mort au moment où il s'agit de faire la *collatio*, le jurisconsulte décide que le père doit *conferre* les *bona castrensia*, parce qu'il en a toujours été propriétaire, et que nous sommes alors en présence d'un bien acquis depuis l'émancipation ; c'est ce qu'exprime Ulpien en disant : *dici oportebit conferendum ; non enim nunc adquiritur, sed non adimitur.*

Dans le second alinéa du même texte, Ulpien modifie son espèce, et suppose que le fils a institué son père héritier, et lui a donné un substitué vulgaire. On ne sait pas encore si le pécule sera attribué au père *jure peculii,* et si par conséquent il sera obligé d'en faire *collatio :* il faut pour cela que le substitué lui-même refuse de faire adition ; dans ce cas, le père, ayant toujours été propriétaire du pécule, doit *conferre* les biens qui le composent.

III. — L'héritier institué par le fils n'a pas fait adition.

En pareil cas nous dirons également que le pécule castrense doit être attribué au père *jure peculii,* exactement comme si le fils était mort intestat. Il faut donc décider que le père sera poursuivi *de peculio* par les créanciers du fils, et qu'il devra intenter, non pas la pétition d'hérédité, mais la *rei vindicatio.*

Il est une troisième conséquence de l'attribution au père *jure peculii* qu'il est plus difficile d'admettre, et sur laquelle les jurisconsultes romains ne paraissent pas avoir été d'accord ; c'est le principe de la rétroactivité. Lorsque le fils est mort *intestat*, c'est-à-dire sans avoir usé de son droit de disposition sur le pécule, il est tout naturel de dire que le père en a toujours été propriétaire, que les biens castrenses *illi non adquiruntur, sed non adimuntur*. Mais la situation n'est plus la même ; le fils a fait un testament et a usé de son droit de disposition en faveur d'un étranger ; il a ainsi manifesté la volonté de donner à un autre que son père la propriété du pécule. L'héritier n'a pas fait adition, il est vrai ; mais le fils n'en a pas moins manifesté son intention d'enlever au père tout droit sur les *bona castrensia*. Aussi les jurisconsultes romains n'étaient-ils nullement d'accord pour admettre la rétroactivité que Fernandez de Retes qualifie d'absurde en pareil cas ; et c'est ce qui explique comment nous rencontrons dans les textes tant de difficultés.

Le premier texte que nous rencontrons est relatif aux affranchissements testamentaires ; c'est la loi 19, § 5 de notre titre, où Tryphoninus examine l'espèce suivante : Le fils a fait un testament, mais l'héritier institué a refusé de faire adition ; faut-il décider, comme si le fils était mort intestat, que le père a pu valablement laisser par testament la liberté à un esclave du pécule castrense? Le jurisconsulte hésite beaucoup à donner cette solution : et, en effet, il est moins facile de dire dans ce cas, que dans celui où le fils est mort intestat, qu'il y a eu du fils au père continuation de la propriété du pécule, puisque pendant le temps intermédiaire *quo deliberant heredes*, il a joué le rôle d'une *hereditas jacens*. Il est donc difficile d'admettre que pendant ce *medium tempus* la propriété ait résidé sur la tête du père ; autrement on devrait décider qu'en cas d'adition, les héritiers tiendraient la succession du père et non du fils, ce qui est absurde ; car, dit Pothier, il est de l'essence de toute hérédité qu'on la tienne directement du défunt. Si donc le père ne peut être considéré, pendant le temps intermédiaire, comme ayant été propriétaire des biens castrenses, comment lui reconnaître le droit d'affranchir valablement un esclave qui en fait partie ? Tryphoninus déclare néanmoins que l'esclave sera libre ; mais il est facile de voir qu'il ne se décide qu'avec la plus grande hésitation, et uniquement *favore libertatis*.

Nous sommes en présence de difficultés bien plus grandes en ce qui concerne les acquisitions faites par un esclave castrense, et les textes nous offrent sur ce point des contradictions au milieu desquelles il est assez difficile de se retrouver.

Ces acquisitions peuvent être de deux sortes, entre-vifs ou testamentaires ; elles peuvent résulter soit d'une stipulation, soit d'un legs. Occupons-nous d'abord de la stipulation.

Il s'agit d'un fils de famille ayant disposé par testament de son pécule castrense ; pendant que l'héritier institué délibère sur le parti qu'il doit prendre, un esclave du pécule fait une stipulation. Cette stipulation est-elle valable, et à qui profitera-t-elle ? Si l'héritier fait adition, pas de difficulté ; le pécule aura, pendant le temps intermédiaire, joué le rôle d'une *hereditas jacens*, et en vertu de la maxime : *hereditas jacens sustinet personam defuncti*, la stipulation sera valable, et le bénéfice en sera acquis à l'héritier.

Mais les choses ne sont plus aussi simples si cet héritier ne fait pas adition ; dans ce cas, le pécule faisant retour au père *jure peculii*, nous ne sommes plus en présence d'une *hereditas* mais d'un pécule, et la maxime précitée devient inapplicable. Pour valider la stipulation de l'esclave et en faire profiter le père, il faudrait admettre le principe de la rétroactivité dans toute sa force, et reconnaître que le père a toujours été propriétaire des *bona castrensia*. Rien n'était plus facile quand nous supposions le fils mort intestat ; mais dans notre espèce les jurisconsultes romains n'étaient pas d'accord, et Papinien et Ulpien donnent chacun une solution différente. Papinien dans la loi 18 *de stipulatione servorum* et la loi 14 § 1 de notre titre déclare positivement que la stipulation est nulle : NULLIUS MOMENTI VIDEATUR, *cùm in illo tempore non fuerit servus patris*. Le raisonnement de Papinien est très-logique ; entre la mort du fils et le moment où l'héritier a répudié, il s'est écoulé un intervalle de temps pendant lequel le pécule n'a appartenu ni au père, puisque son fils l'en a dépouillé, ni au fils puisque la maxime *hereditas jacens*, etc., n'est pas applicable ; il n'y a donc eu à ce moment aucune personne physique ou civile qui puisse profiter de la stipulation, qui se trouve nécessairement *inutilis*. Il semble difficile d'échapper à ce résultat en présence des principes de la stipulation qui, à la différence du legs, exigent, pour en apprécier la validité, qu'on se place au moment même où elle intervient : *in stipulationibus id tempus spectatur quo contrahimus* (1). Ulpien cependant, dans la loi

---

(1) Loi 26 *de stip. servorum*, loi 18 et 144 *de div. reg. juris*, et l. 7 *de verbor. obligationibus*.

33 *de adquirendo rerum dominio*, admet la validité d'une semblable stipulation, et, tout en reconnaissant que la question est controversée, il en attribue le bénéfice au père : *puto verius*, dit-il, *si adita non sit hereditas*, *ut in proprio patris esse spectanda*. Il y a donc contradiction entre les deux textes ; dans le premier, Papinien repousse la rétroactivité en faveur du père, qu'Ulpien admet dans le second.

Tout cela se comprend jusqu'ici ; mais ce qu'il y a de bizarre, c'est que Papinien, dans la loi 14, après avoir déclaré nulle la stipulation, termine brusquement par ces mots qui sont le renversement de toute sa théorie : *sed paterna verecundia nos movet, quatenus in illa specie ubi jure pristino apud patrem peculium remanet, etiam adquisitio stipulationis vel rei traditæ per servum fiat*. Ainsi, selon Papinien, la stipulation est nulle ; mais le respect dû à la personne d'un père veut que cette stipulation lui profite ; en d'autres termes, la stipulation, quoique nulle, est cependant valable. Un pareil langage est incompréhensible ; et il faut sans hésiter reconnaître que les mots *sed paterna verecundia* etc. n'appartiennent pas à Papinien, mais qu'ils ont été ajoutés au texte.

A qui donc attribuer ce passage, si maladroitement inséré dans le texte ? Cujas et Pothier pensent que c'est une note d'Ulpien sur Papinien : *quod subjicitur in tertia parte*, dit Cujas, *est nota Ulpiani ad Papinianum*, *ut apparet in l. in eo quod, de adq. rerum dom., 33. Supprimitur nomen Ulpiani, nomen ejus qui notat Papinianum* (1).

(1) Cujas, op. posth., 1, quæst. Pap. l. 27.

M. Pellat pense au contraire qu'on doit voir là une des nombreuses interpolations dues aux rédacteurs des Pandectes. En effet, il est facile au premier coup-d'œil d'y reconnaître le latin du Bas-Empire, et le style très-incorrect des compilateurs de Justinien. *Quatenus* signifie toujours, dans le langage des jurisconsultes : *après que*, tandis que, dans la loi 14, il est employé dans le sens de : *à tel point que ;* ces deux mots *adquisitio stipulationis* trahissent la même origine, et de plus cette expression *paterna verecundia* qu'on chercherait inutilement dans les notes d'Ulpien, est précisément une des expressions favorites de Tribonien ! Il y a donc là une interpolation évidente, et dans la pensée de Papinien le bénéfice de la stipulation n'était nullement acquis au père (1).

Quant au legs fait à l'esclave castrense pendant le *medium tempus*, aucun doute ne s'était élevé ; Papinien et Ulpien sont ici d'accord pour le déclarer valable et acquis au père, en cas de répudiation de la part de l'héritier institué : *omisso testamento*, dit Papinien dans la loi 14, § 2, *patri per servum adquiritur ;* et Ulpien donne la même décision dans la loi 33, *de adq. rer. dom.* En effet nous n'avons pas besoin, comme pour la stipulation, de nous placer au moment même où le legs est fait ; rien ne s'oppose à ce que son effet reste en suspens.

IV. — Le fils a institué son père héritier.

Le père peut faire adition ; et dans ce cas il vient, non plus *jure peculii*, mais *jure hereditatis ;* ce n'est plus un

(1) V. Dubreuil, *de la puissance paternelle en droit romain et en droit français*, p. 79.

pécule, mais une véritable hérédité qu'il recueille ; et de là de nombreuses différences :

1° Au lieu d'intenter la *rei vindicatio*, il se mettra en possession des biens castrenses au moyen de la pétition d'hérédité, ce qui lui offre l'avantage de revendiquer les biens, non pas en détail, mais en bloc, comme une *universitas juris.*

2° Si un objet est détourné du pécule, il intentera la *persecutio expilatæ hereditatis ;* tandis que s'il était venu *jure peculii,* il aurait eu simplement l'action *furti,* comme l'atteste Ulpien dans la loi 33, § 1, *de adq. rer. dominio.*

3° Le père qui reprend le pécule *jure peculii* n'est tenu de payer les dettes de son fils que jusqu'à concurrence du pécule, et il ne peut être poursuivi par les créanciers que *intra annum utilem.* Il en est tout autrement quand il vient *jure hereditatis ;* il n'est alors qu'un simple héritier, et, comme tel, tenu des dettes *ultra vires,* sans qu'aucun délai fatal soit imposé aux créanciers. Cette différence de situation est parfaitement caractérisée par ce passage de Papinien, que nous avons déjà trouvé l'occasion de citer un peu plus haut : « *Le père, qui re-* » *prend jure peculii le pécule castrense de son fils mort* » *intestat, est forcé par les lois prétoriennes de payer* » *les dettes de son fils dans l'an utile, et jusqu'à concur-* » *rence du pécule. S'il accepte la succession que son fils* » *lui a déférée par testament, il sera, comme tout héri-* » *tier, perpétuellement tenu des dettes d'après le droit ci-* » *vil.* » (Loi 17, pr.)

4° Le père doit acquitter les legs mis à sa charge. Pourra-t-il invoquer la Falcidie ? Il ne le pourra pas, et devra payer les legs intégralement, si le fils a testé étant encore à l'armée, et s'il est mort moins d'un an depuis son retour ; nous savons, en effet, que la Falcidie ne s'applique pas aux testaments militaires. Mais si le fils a testé dans ses foyers, et qu'ainsi il ait été soumis aux règles du droit commun, alors la Falcidie s'applique et le père peut retenir la quarte (loi 17, § 1).

Si le père ne fait pas adition, le testament du fils est sans effet ; il est *destitutum,* et le père reprend le pécule *jure peculii* ; de là toutes les conséquences que nous avons plus d'une fois énumérées. Mais le testament du fils contenait peut-être des legs mis à la charge du père ; quel sera leur sort ? Le père devra-t-il les acquitter, ou bien tomberont-ils, par suite du refus d'adition ?

En principe, ils tombent ; et le père ne sera nullement forcé de les exécuter, pourvu qu'il soit de bonne foi dans son refus d'adition. Mais s'il est de mauvaise foi, s'il ne répudie l'hérédité que pour se soustraire précisément aux charges testamentaires et reprendre les biens *jure peculii,* il y a de sa part une fraude prévue et réprimée par l'édit du préteur *si quis omissâ causâ testamenti ;* le but de cet édit est précisément d'empêcher les héritiers testamentaires de répudier l'hérédité dans le seul but de se dispenser des charges, en se contentant de leur qualité d'héritiers *ab intestat.* Mais si le père agit sans fraude, ce qui dépend uniquement des circonstances, il échappe ainsi à l'acquittement des legs et fidéicommis : *cœterum,* dit Papinien, *si testamenti causam pater omisit, cum peculium creditoribus solvendo non esset, nihil dolo videbitur fecisse, quamvis temporis incur-*

rat compendium, c'est-à-dire bien que, de cette manière, il abrège la durée de sa responsabilité vis-à-vis des créanciers.

Nous devons, avant de terminer ce chapitre, signaler une hypothèse prévue par le jurisconsulte Paul dans la loi 18 *ad legem Falcidiam* :

On sait que le sénatus-consulte Pégasien (1), entre autres dispositions, accorda à l'héritier le droit de retenir sur les fidéicommis, de même que sur les legs, la quarte Falcidie. Paul suppose, dans cette loi 18, que le fils en mourant a chargé son père, par codicille, de remettre le pécule castrense à Titius ; le père pourra-t-il retenir la quarte ? Dans la rigueur des principes, il faudrait décider que non ; car la loi Falcidie ne s'applique qu'aux hérédités, et le père venant *jure peculii*, il y a non pas une hérédité, mais un pécule. Néanmoins Paul, cédant à des considérations d'équité, accorde au père le bénéfice de la loi Falcidie.

(1) Ce sénatus-consulte fut rendu entre 823 et 829 de Rome, 70 et 76 de J. C.

CHAPITRE V.

INNOVATIONS DE JUSTINIEN.

Nous venons d'exposer la théorie du pécule castrense à l'époque de la jurisprudence classique, et nous avons vu que le fils ne pouvait pas, relativement à ce pécule, avoir d'héritiers *ab intestat*, mais seulement des héritiers testamentaires. Il n'en fut plus ainsi sous Justinien qui réforma cet état de choses, et complèta le droit du fils en lui accordant le droit d'avoir des héritiers *ab intestat* de son pécule castrense : *Si vero*, dit-il aux Institutes, *intestati decesserint nullis liberibus vel fratribus superstitibus, ad parentem eorum jure communi pertinebit* (Inst. l. 2, t. XII, pr.)

Ainsi, d'après Justinien, le pécule castrense du fils mort intestat est dévolu :

1° A ses descendants,

2° A ses frères et sœurs,

3° A son père.

Ce dernier, qui autrefois recueillait seul en pareil cas

les biens castrenses, est relégué maintenant au troisième rang ; à défaut d'enfants et de frères, il succède au pécule *jure communi*. Que signifie cette expression ? Justinien veut-il dire par là que le père, bien que venant en troisième ligne, reprendra néanmoins le pécule, comme auparavant, *jure peculii ?* Veut-il dire au contraire qu'il est soumis au droit commun des successions et qu'il vient, comme tout héritier, *jure hereditatis ?* La question est vivement controversée.

Le premier système, qui considère les mots *jure communi* comme synonymes de *jure peculii*, est soutenu par Cujas et M. Ortolan : *Jure communi*, dit Cujas dans ses Notes sur les Institutes, *id est quasi peculium paganum ; atque ita filiusfamilias in castrensi peculio non omnino sustinet jus patrisfamilias*. M. Ortolan partage cette opinion et s'appuie sur un passage de Théophile où on trouve ces mots : *jure communi, id est tanquam peculium paganum*.

Vinnius, F. de Retes, et M. Ducaurroy prétendent au contraire que les mots *jure communi* signifient *jure hereditatis ;* et, en effet, si l'on admettait l'opinion de Théophile, il faudrait, pour être conséquent, admettre également que le père recueille seul le pécule à l'exclusion de tous les autres parents. Du reste, il n'y eut plus de controverse possible à l'apparition des Novelles 118 et 127 ; d'après la Novelle 118, le père succède à son fils, à défaut de descendant, en concours avec les frères et sœurs germains ; il est donc certainement un héritier ordinaire.

L'institution du pécule castrense constituait une inégalité de situation entre les militaires et les fonctionnaires civils; aussi, peu à peu, la législation Romaine assimila aux biens acquis à l'armée ceux acquis dans l'exercice des fonctions publiques ; de là le pécule *quasi-castrense*. On ne sait pas au juste à quelle époque ce pécule prit naissance ; les uns pensent qu'il fut établi par Constantin en 321, les autres croient qu'il existait déjà à l'époque de la jurisprudence classique ; et, en effet, il en est question dans un grand nombre de textes des Pandectes. Il est vrai qu'on en conteste l'authenticité, et qu'on veut y voir des interpolations de Tribonien ; de plus Justinien parle d'*anteriores leges* qui ont établi ce nouveau pécule.

Quoi qu'il en soit, l'empereur Constantin, dans une constitution qui forme la loi unique au Code, *de castrensi omnium palatinorum peculio* (l. 12, t. 31), donne aux palatins, c'est-à-dire aux différents officiers du palais, la propriété de ce qu'ils ont gagné dans l'exercice de leurs fonctions, soit par leurs économies, soit par la munificence impériale.

Théodose et Valentinien étendent le bénéfice de la constitution précédente aux officiers du prétoire, notamment aux *scrinarii, excerptores* (loi 1, Code, *de castr. pec.)*

Hiéronyme l'étend aux administrateurs des provinces ; Honorius et Théodose aux assesseurs et aux avocats (loi 8, Code, *de advocatis diversorum judiciorum)* ; Léon et Anthemius aux évêques et aux clercs (loi 34, Code *de Episcopis et Clericis)* ; Anastase aux *silentiarii*, c'est-à-dire aux huissiers du palais impérial (loi dernière, Code, l. 12, t. 16).

Justinien comprit dans ce pécule tous les biens donnés au fils de famille par l'empereur et l'impératrice (l. 7, *de Bonis quæ liberis*, C., l. 6, t. 61) ; il étendit le privilége que Léon et Anthemius avaient accordé aux *Clerici :* 1° aux *presbyteri ;* 2° aux *diaconi ;* 3° aux *cantores* et aux *lectores.*

Remarquons qu'avant Justinien l'assimilation du pécule *quasi-castrense* au pécule *castrense* n'était pas complète. Le droit de tester, en effet, n'avait pas été accordé généralement à tous ceux qui avaient un pécule *quasi-castrense,* mais seulement, par exception, à certains fonctionnaires privilégiés, comme les consuls, les proconsuls, les présidents de province, etc.... Justinien généralisa cette faculté, et accorda le droit de tester à tous sans distinction : toutefois, il n'est plus question ici de testament militaire ; le testament doit être fait suivant les formes du droit commun. Un seul avantage fut réservé à ce pécule, celui de ne pouvoir être attaqué par la *querela inofficiosi testamenti :* Justinien le déclare positivement dans la loi 37, § 1 au Code de *inofficioso testamento : hoc nihilominus ei addito privilegio, ut neque eorum testamenta inofficiosi querelâ expugnentur.*

Nous n'avons rien à dire sur ce pécule, qui était exactement soumis aux mêmes règles que le pécule castrense.

L'institution des pécules subsista longtemps encore après la chute de l'empire Romain ; elle demeura en vigueur dans le Midi de la France jusqu'à une époque assez avancée. Nous trouvons dans le Conseil de Pierre de Fontaines, ch, 21, § 63, un passage qui constate positivement l'existence du pécule castrense : « *Nos ne pouvons* » *avoir nul plet encontre celui qui est en notre poeste, for*

» *por châtel qu'il a conquis en chevalerie.* » Ce passage n'est que la traduction à peu près littérale de la loi 4, *de Judiciis*, ainsi conçue : *Lis nulla nobis esse potest cum eo quem in potestate habemus, nisi ex castrensi peculio.* Si la distinction des pécules était connue dans le bailliage de Vermandois, à plus forte raison devait-elle être admise dans le midi de la France, où le droit romain formait la base de la législation.

DE

L'USUFRUIT LÉGAL.

DE L'USUFRUIT LÉGAL.

Droit de puissance paternelle n'a lieu.

(LOYSEL.)

INTRODUCTION.

Nous nous sommes proposé d'étudier, dans cette seconde partie de notre travail, un des attributs les plus importants de la puissance paternelle, le droit de jouissance légale des père et mère sur les biens de leurs enfants mineurs.

C'est assurément un fait bien remarquable, que ce caractère lucratif attribué chez nous à la puissance paternelle. A Rome, où la *patria potestas* était entièrement établie dans l'intérêt du père, où elle était pour les enfants un joug plutôt qu'une protection, on comprend qu'elle fût pour le *paterfamilias* une source de profits et d'émoluments. Aussi voyons-nous le fils incapable de rien acquérir pour lui-même aussi longtemps qu'il se trouve soumis à l'autorité du père ; et la législation Romaine, absorbant la personnalité du fils dans celle de son père, proclame la célèbre maxime : *Quidquid adquirit filius, non sibi, sed patri adquirit.* Plus tard, l'institution des divers pécules vint modifier sensiblement cet état de choses, et donner au fils une capacité qu'on lui avait refusée jusqu'alors, celle d'être et de rester propriétaire des biens acquis par lui.

Malgré ces importantes améliorations dans la législation Romaine, la puissance paternelle conserva le caractère d'absolutisme qu'elle avait eu dès le principe, et qui résista à tous les efforts des innovateurs ; ce fut toujours, comme l'a dit M. Réal, un *despotisme paternel* ; et Justinien lui-même, qui alla plus loin que ses prédécesseurs, ne présente dans les Institutes les différents pécules que comme des exceptions à l'ancienne règle, et il en traite sous la rubrique : *Per quas personas nobis adquiritur* (Inst. l. 2 t. 9).

L'ancienne maxime : *Quidquid adquirit filius etc...* fut, par la création des pécules, réduite pour le père à l'usufruit du *pécule adventice*. Ce fut là le dernier mot de la législation, et encore le père conserva-t-il des droits considérables même vis-à-vis de ce pécule. Il en avait la pleine et libre administration, quel que fût l'âge du fils : il était maître de le régir comme il le jugeait à propos, sans être obligé de rendre aucun compte (1) ; enfin il exerçait en justice, soit comme demandeur, soit comme défendeur, toutes les actions qui y étaient relatives (2).

La *patria potestas* du droit Romain resta donc ce qu'elle était, une institution imposante par sa grandeur et par sa force, mais toute dans l'intérêt du père, dont le but était, non pas de procurer au fils une protection, mais de donner au père un droit et des avantages. Il faut

---

(1) C. Loi 6 § 2, de bonis quæ liberis l. 6 t. 61.
(2) Loi 1, Cod, de bonis maternis, l. 6, t. 60.

envisager cette institution sous ce point de vue, pour comprendre que le fils soit en puissance quel que soit son âge, c'est-à-dire alors même qu'il n'a plus besoin de guide ni de protecteur, et qu'il est capable de diriger sa personne et celle de ses enfants.

Il n'en est plus ainsi chez nous : le législateur moderne s'est préoccupé uniquement de l'intérêt de l'enfant, pour qui il a voulu établir un système de protection et de défense ; et en organisant dans notre droit la puissance paternelle, il en a fait pour le père un devoir bien plutôt qu'un droit. « Nous naissons faibles, assiégés par les » maladies et par les besoins », disait au Corps législatif M. Réal dans son Exposé de motifs, « la nature veut que » dans ce premier âge (celui de l'enfance) le père et la » mère aient sur leurs enfants une puissance entière, *qui* » *est toute de défense et de protection.*

« Dans le second âge, vers l'époque de la puberté, » l'enfant a déjà observé, réfléchi. Mais c'est à ce moment » même où l'esprit commence à exercer ses forces, où » l'imagination commence à déployer ses ailes, où nulle » expérience n'a formé le jugement, c'est à ce moment » où, faisant les premiers pas dans la vie, livré sans dé» fense à toutes les passions qui s'emparent de son » cœur, vivant de désirs, exagérant ses espérances, s'a» veuglant sur les obstacles, qu'il a surtout besoin qu'une » main ferme le protège contre ces nouveaux ennemis, » le dirige à travers ces écueils, dompte ou modère à » leur naissance ces passions, tourment ou bonheur de » la vie selon qu'une main maladroite ou habile leur » aura donné une bonne ou mauvaise direction ; c'est à

» cette époque qu'il a besoin d'un conseil, d'un ami qui
» puisse défendre sa raison naissante contre les séductions
» de toute espèce qui l'environneront, qui puisse secon-
» der la nature dans ses opérations, hâter, féconder,
» agrandir ses heureux développements. La puissance
» paternelle, qui est alors toute d'administration domes-
» tique et de direction, pourra seule procurer tous ces
» avantages, ajouter la vie morale à l'existence physique,
» et, dans l'homme naissant, préparer le citoyen.

» Enfin arrive l'âge où l'homme est déclaré par la loi
» ou reconnu par son père en état de marcher seul dans
» la route de la vie. A cet âge ordinairement il entre dans
» la grande famille, devient lui-même le chef d'une fa-
» mille nouvelle, et va rendre à d'autres les soins qui lui
» ont été prodigués ; c'est à ce moment que la nature et
» la loi relâchent pour lui les liens de la puissance pa-
» ternelle.... »

C'est dans ces belles paroles que nous trouvons le caractère de notre puissance paternelle, conçue dans un tout autre esprit qu'en droit Romain, et où nous retrouvons les principes du *mundium* germanique. Le but qu'on se propose n'est plus de donner au père un droit utile et avantageux, mais de donner au fils un soutien et un guide. Aussi quelles différences dans les applications !

Illimitée dans sa durée chez les Romains, elle cesse aujourd'hui dès que l'enfant peut se diriger lui-même, c'est-à-dire à sa majorité. Ceci était complètement inconnu à Rome, où l'âge du fils n'avait aucune influence sur ses relations avec son père.

A Rome, elle appartenait non pas seulement au père,

mais à l'aïeul et au bisaïeul ; chez nous elle est nécessairement limitée au premier degré et n'appartient qu'au père, jamais aux ascendants ; c'est une conséquence de l'émancipation par mariage qui n'existait pas en droit Romain.

Enfin, grande innovation du droit coutumier, la mère participe, dans une certaine mesure, à la puissance paternelle ; elle l'exerce même à défaut du père, par exemple en cas d'absence, d'interdiction, ou de déchéance (C. N. art. 141 ; C. P. art. 335) ; de plus, elle est nécessairement appelée à donner son consentement au mariage de ses enfants ; c'est seulement en cas de dissentiment que celui du père suffit (art. 148). C'est ce qui fait dire à Loysel : *Droit de puissance paternelle n'a lieu*, en ce sens que ce n'est plus un *droit* comme à Rome ; c'est une institution d'un caractère tout nouveau, dans laquelle le législateur a pris à tâche de s'éloigner le plus possible du droit Romain (1).

Pourquoi donc attacher alors un caractère lucratif à notre puissance paternelle ? Pourquoi ce droit de jouissance légale, qui paraît établi directement contre l'enfant, et tout entier dans l'intérêt du père ? Le respect des traditions, et des considérations puissantes ont décidé le législateur à l'admettre.

(1) Nous voyons même, dans la discussion de ce titre au Corps législatif, que l'on faillit lui donner une dénomination différente. M. Berlier fit observer que « rien ne ressemble ni ne doit ressembler moins à l'ancienne » puissance paternelle que l'autorité des père et mère que l'on veut re- » tracer en ce titre. » Il conclut donc avec M. Tronchet « qu'il faut de » nouveaux mots pour exprimer des idées nouvelles, et que le projet de » loi doit avoir pour titre : *De l'autorité des pères et mères.* » C'est sur les observations de M. Malleville que l'on conserva l'ancienne expression *puissance paternelle.* (Locré, t. 7, p. 22).

Dans tous les temps, en effet, les différentes législations ont attaché des droits utiles à la puissance paternelle. Nous avons déjà dit un mot de l'usufruit du *pécule adventice,* dont nous parlerons tout à l'heure avec plus de détail : en droit Coutumier nous trouvons le *droit de garde* qui, sans être un véritable attribut de cette puissance, s'y rattache cependant indirectement ; nous trouvons même dans le droit Germanique quelque chose d'identique à notre usufruit paternel. Tous ces souvenirs ont nécessairement guidé les rédacteurs du Code Napoléon, et les ont amenés à donner une consécration nouvelle à un usage que tous leurs devanciers avaient sanctionné. Voilà pour les traditions.

L'éducation d'un enfant occasionne bien des peines, des soins, des soucis et des sacrifices ; l'usufruit paternel est une indemnité, une compensation de ces charges ; rien de plus juste que ce droit utile à côté d'un droit onéreux.

De plus, il fallait prévenir le plus possible les difficultés et contestations qui pourraient naître d'un compte trop rigoureux des revenus entre l'enfant et le père. Le législateur a dit à ce dernier : vous devrez pourvoir à tous les frais d'entretien de votre enfant ; vous lui donnerez une éducation en rapport avec sa fortune propre ; quant au surplus, on ne vous en demande aucun compte. Ainsi les charges nombreuses imposées à l'usufruit paternel, font de cet usufruit, dont elles diminuent notablement l'importance, moins un émolument qu'une dispense de compte entre le père et l'enfant. Si, une fois les charges acquittées, il reste quelque chose, la loi, dans la crainte d'occasionner des difficultés d'une nature très-délicate, aime mieux ne pas s'en occuper et l'attribuer au père.

Ajoutons qu'il n'y a là aucun inconvénient ; il ne s'agit pas du capital, mais seulement des revenus dont la destination est d'être dépensés, et dont l'enfant profitera tout le premier. Si le père trouve le moyen de faire des économies, l'enfant en profitera encore, puisqu'il les retrouvera plus tard en capital dans la succession de son auteur.

Toutes ces considérations, si puissantes qu'elles soient, ne justifient peut-être pas complètement l'institution de l'usufruit paternel, qui porte une atteinte grave au principe de l'inviolabilité de la propriété. Il est assez extraordinaire en effet de voir une disposition législative « *conférer à une personne la totalité des revenus d'une autre personne* (M. Demolombe). » — Mais il nous faut examiner cette institution à un point de vue plus élevé. Il est certain qu'elle présente plus d'avantages que d'inconvénients. D'abord elle a le grand mérite d'être conforme aux législations antérieures, puisque nous la retrouvons, dans tous les temps, sous différents noms et sous différentes formes : et les divers motifs que nous venons d'indiquer militent tellement en sa faveur, la présentent comme si éminemment utile, qu'elle devait trouver sa place dans nos lois civiles, et que nous devons applaudir à la sagesse du législateur qui l'y a introduite.

Après ces quelques considérations générales, nous allons entrer dans l'étude même de notre sujet, étude qui se divisera naturellement en deux parties :

La première partie comprendra les origines de l'Usufruit légal, c'est-à-dire le *Pécule adventice* et le *droit de Garde* (Garde seigneuriale, noble et bourgeoise).

La deuxième partie se composera de six chapitres, dans lesquels nous examinerons successivement :

1° A qui appartient l'usufruit légal ;

2° Comment il est déféré ;

3° Quels biens il comprend ;

4° Quels sont les droits de l'usufruitier légal ;

5° Quelles charges lui sont imposées ;

6° Comment finit l'usufruit légal.

PREMIÈRE PARTIE.

ORIGINES DE L'USUFRUIT LÉGAL.

On est généralement d'accord pour reconnaître à l'usufruit légal une double origine : 1° une origine romaine dans le pécule adventice ; 2° une origine coutumière dans le droit de garde. Quelques personnes, il est vrai, plus exclusives dans leur opinion, veulent trouver le principe de cet usufruit, les unes uniquement dans le pécule adventice, les autres uniquement dans le droit de Garde. Ceci est exagéré ; et bien que les emprunts faits au droit coutumier soient beaucoup plus considérables que ceux faits au droit romain, il ne faut pas hésiter à reconnaître que notre usufruit paternel dérive de cette double source.

Mais il faut, croyons-nous, trouver un troisième élément dans notre matière, l'élément germanique. La puissance paternelle des Germains et des Francs était un *mundium*, c'est-à-dire un pouvoir de protection ; elle était conçue dans l'intérêt de l'enfant que le père devait nourrir, élever et protéger. Elle devait cesser dès que l'enfant n'avait plus besoin de protection ; aussi l'enfant mâle qui avait atteint *l'œtas perfecta* était affranchi du *mundium* (1). Quant à la femme, dont la faiblesse était réputée perpétuelle, elle y était soumise pendant toute la durée de sa vie. Du *mundium* de son père elle passait sous celui de son mari : ce dernier devait même acheter du père le *mundium ;* mais cet achat, qui a pu être sérieux dans l'origine, finit par devenir purement symbolique.

Il nous paraît évident que ce *mundinm,* en ce qui touche l'autorité paternelle (car il comprenait à la fois le pouvoir paternel et le pouvoir marital) avait un caractère lucratif, et que le droit germanique nous fournit une des origines de notre usufruit légal. Chez les Francs, en effet, même pendant la durée du *mundium*, les biens des enfants étaient à eux, et non au père ; les enfants acquéraient pour eux et non pour le père. Seulement, avant qu'ils eussent atteint *l'œtas perfecta*, tandis qu'ils étaient *parvoli,* pour employer les expressions de la loi Salique, le père jouissait de leurs biens comme aujourd'hui. Voici ce que nous lisons dans le titre VIII des *Capita extravagantia* de la loi Salique. On y prévoit qu'un homme veuf ayant des enfants se remarie ; sa femme avait laissé des biens, que ses parents lui avaient donnés, comme il est dit dans les titres VII et XIV de ces mêmes *Capita extravagantia,* ou dont elle avait hérité ; elle avait de plus laissé la dot constituée à son profit par

(1) *L'œtas perfecta*, c'est-à-dire la majorité, était l'âge de douze ans selon la loi salique, et de quinze ans selon la loi Ripuaire.

son mari, qui, ainsi que l'atteste la formule 9 du livre 11 de Marculf, passait à titre de succession à ses enfants. On décide que le père, quoique remarié, en aura la jouissance : « *Si tamen filii parvoli sunt, usque ad perfectam ætatem res anterioris uxoris vel dotis causa liceat patri judicare, sic vero de has nec vendere nec donare præsumat.* » Ainsi, le père en a l'usufruit tant que les enfants sont *parvoli* ; il a cette jouissance *usque ad perfectam ætatem*, jusqu'à ce qu'ils soient majeurs. Il n'y a pas la moindre apparence que cette règle ait été dictée par la circonstance du second mariage. Le père, soit pendant le mariage, soit pendant son veuvage, ne pouvait avoir sur les biens de ses enfants un droit moindre que dans le cas où il se remariait. Si une règle spéciale avait pu paraître nécessaire, c'eût été tout au plus pour modifier ce droit à cause du second mariage ; et peut-être le véritable but de notre titre VIII a-t-il été de déclarer que, même remarié, le père conservait des droits sur les biens de ses enfants *usque ad perfectam ætatem*.

La loi définit le droit du père par l'expression *liceat judicare*. Les documents cités par Du Cange nous apprennent que *judicare* a la signification de *disponere*, et même qu'il peut s'étendre au droit de disposition absolue et indéfinie. Mais le texte ajoute immédiatement une restriction : *Sic vero de has nec vendere nec donare præsumat* ; et par conséquent le droit de disposer est limité à la jouissance par l'exclusion de la faculté de vendre et de donner.

Remarquons du reste que ce droit ne peut être appelé un véritable usufruit. Dans les principes modernes, l'usufruit est un droit distinct de la nue propriété ; ce sont deux choses pouvant appartenir à deux maîtres différents. Les Francs n'avaient pas une idée bien nette de ce démembrement qui nous vient d'une législation plus avancée que la leur : ils ne connaissaient que la propriété ; mais comme l'exercice des droits qu'elle produit était accordé seulement à des personnes *sui juris*, ils avaient établi que, pendant l'incapacité momentanée du propriétaire, le droit de propriété serait exercé par la personne qui avait celui de jouir ; seulement ils avaient pourvu à ce que cette jouissance ne devînt pas un moyen de dépouiller le pupille, et de le laisser sans ressources à l'époque où il aurait la *perfectam œtatem*. Pour atteindre ce but, la loi interdisait au père la faculté de vendre ou de donner les biens du pupille ; à cette restriction près, il était réputé propriétaire et exerçait tous les autres droits de la propriété, comme il en supportait les charges, sous les différents rapports naturels, civils et politiques (1).

Nous voyons que le droit de jouissance du père était déjà parfaitement caractérisé chez les Francs ; il était, comme chez nous, un attribut de la puissance paternelle : voilà évidemment une des origines de l'usufruit légal du Code Napoléon.

Nous devons maintenant étudier séparément :

1° Le Pécule adventice ;

2° Le droit de Garde.

(1) V. Pardessus, Loi Salique, p. 457, dissertation 3e.

DU PÉCULE ADVENTICE.

Le *pécule adventice* fut la dernière modification apportée à l'ancienne puissance paternelle des Romains par les constitutions impériales.

Il y avait dans la loi romaine une lacune à combler. Le *pécule castrense* était réservé aux militaires, le pécule *quasi-castrense* aux fonctionnaires, de sorte que les enfants qui n'étaient ni fonctionnaires ni soldats et par conséquent toutes les filles, se trouvaient soumis aux anciens principes ; tout ce qu'ils acquéraient par leur travail, toutes les libéralités qui leur étaient faites appartenaient, comme par le passé, au père en toute propriété ; et il pouvait, par des aliénations, en dépouiller complètement ses enfants. La situation était donc inégale, et appelait sur ce point un changement dans la législation : il y avait quelque chose de choquant à voir le père disposer à son gré des biens qui appartenaient à son fils, les aliéner, les dissiper sans qu'aucune autorité pût l'en empêcher. Les empereurs n'osèrent pas renverser d'un seul coup l'antique institution de la *patria potestas* en déclarant le fils plein propriétaire de ses biens ; mais il fallait, au moins, en en conservant la jouissance au père, lui enlever le droit exorbitant et dangereux de les aliéner.

C'est Constantin qui eut l'honneur d'opérer cette réforme (1). Dans une constitution qui forme la loi 1, code *de Bonis Maternis* (l. 6, t. 60), il décide que les biens, recueillis par le fils dans la succession de sa mère (ab intestat ou testamentaire), lui appartiendront pour la nue propriété, et que son père en aura seulement l'usufruit : *Res quæ ex matris successione*, dit cette loi, *sive ex testamento sive ab intestato fuerint ad filios devolutæ ; ità sint in parentum potestate, ut utendifruendi duntaxat habeant in diem vitæ facultatem, dominio videlicet earum ad liberos pertinente.*

Arcadius et Honorius étendirent cette décision à tous les biens qui adviendraient au fils d'un ascendant paternel, et quel que soit le titre d'acquisition, succession, donation, testament, etc..... *Quidquid avus, avia, proavus, proavia, ex materna linea venientes, nepoti, nepti, pronepoti, pronepti, testamento, fideicommisso, legato, donatione, vel alio quolibet titulo largitionis, vel etiam intestati successione contulerint : pater filio filiæve integra illibataque custodiat, ut vendere, donare, relinquere, alteri obligare, sicut nec materna bona, non possit, usufructu duntaxat ad eum pertinente.*

Théodose et Valentinien comprirent également dans ce pécule les donations faites par un époux à son conjoint,

(1) Ceci a été contesté par Alciat ; il a prétendu que le pécule adventice avait son origine dans l'ancien droit Romain ; mais Cujas l'a réfuté victorieusement, et il est aujourd'hui universellement reconnu que ce pécule fut institué par Constantin.

quocumque titulo vel jure contulerit (loi 1, Code, *de Bonis quæ liberis*, l. 6, t. 61).

Léon et Anthemius assimilèrent, en ce point, les donations entre fiancés aux donations entre époux : *tàm sponsalitiam donationem quàm hereditatem quam memoratus sponsus suam sponsam lucrari voluit, non acquiri patri, sed ad eam pervenire* (Loi 5, eod. tit.). Ils déclarent s'inspirer, pour donner cette décision, de l'opinion de Julien qui, par rapport au fonds dotal, assimila la fiancée à l'épouse (Loi 4, Dig. *de fundo dotali).*

Le pécule adventice se trouva donc composé : 1° des biens provenant de la mère ou de tout ascendant maternel ; 2° des donations entre époux ou fiancés.

Il fut définitivement constitué par Justinien qui généralisa cette doctrine, et décida que tous les biens autres que ceux provenant *ex substantia patris* appartiendraient au fils en nue propriété, et au père seulement en usufruit : *Si quis filiusfamilias, vel patris sui vel avi vel proavi in potestate constitutus, aliquid sibi acquisierit non ex ejus substantia cujus in potestate sit,* SED AB ALIIS QUIBUSCUMQUE CAUSIS, *quæ ex liberalitate fortunæ, vel laboribus suis ad eum perveniant, eas suis parentibus non in plenum, sicut antea fuerat sancitum, sed usque ad* USUMFRUCTUM *solum acquirat.... dominium autem filiisfamilias inhæreat....* (Loi 6, Code, *de bon. quæ lib*). Ainsi, quelle que soit la cause de l'acquisition, que ce soit un don de la fortune, le produit de son travail et de son industrie, pourvu que le bien ne vienne pas du père, le fils en a la nue propriété, le *dominium*, tandis que le père n'en a que la jouissance.

Voilà le pécule adventice définitivement formé : nous savons quels biens il comprend ; étudions les droits du père et du fils sur ce pécule.

§ I. — Droits du père sur le pécule adventice.

Le droit du père est un simple droit d'usufruit ; mais sa qualité de *paterfamilias* lui donne des pouvoirs beaucoup plus étendus que ceux d'un usufruitier ordinaire.

Justinien (loi 6, § 2, Cod. *de bon. quæ lib.)* lui défend seulement d'aliéner ou d'hypothéquer les biens qui composent ce pécule ; pour le reste, il a un pouvoir d'administration et un droit de jouissance sans limite : *Habeat pater plenissimam potestatem uti, frui, gubernareque res acquisitas.*

Tout ce qu'on lui demande, c'est de ne rien faire qui puisse amoindrir le droit de propriété ; *quæ nullo modo proprietatem possint deteriorem facere* (Loi 8, § 4, *eod. tit.*) Il est de plus dispensé de fournir des sûretés ou de rendre des comptes (1), ce qu'on exige habituellement de tout autre usufruitier. C'est le père; il faut le traiter différemment, *paterna verecundia eum excusante* (même loi).

La règle est que le père ne peut ni aliéner ni hypothéquer les biens du pécule (2). Mais cette règle souffre

(1) Il est plus que probable qu'il n'était même pas tenu de faire inventaire ; Doneau l'a cependant soutenu ; mais le texte de la loi 8 paraît positif. Il exempte le père *a ratiociniis, a cautionibus, et ab aliis omnibus quæ ab usufructuariis extraneis a legibus exiguntur.* Il est arbitraire de faire exception pour l'inventaire, que la généralité des termes comprend évidemment.

(2) Du reste le fils est à l'abri de tout danger ; la prescription ne courant contre lui qu'à partir du jour où il est devenu *sui juris ;* un acheteur, même de bonne foi, ne pourrait usucaper. De plus cette prescription ne peut s'accomplir que par trente ans.

plusieurs exceptions ; la loi 8 de notre titre *de bon. quæ lib.* en indique *quatre*, qui sont les suivantes :

1° Si une succession grevée de dettes est échue à l'enfant, le père peut et doit, pour acquitter ces dettes, vendre *filii nomine* les biens de cette succession en commençant par le mobilier ; de cette manière les dettes seront payées, et l'on évitera de lourds intérêts à servir. Rien n'est plus raisonnable que cette décision : *Non sunt bona nisi deducto ære alieno*. Remarquons qu'il n'y a pas là pour le père une simple faculté, mais un devoir, une obligation. Il doit vendre, et, s'il ne le fait pas, il s'expose à payer les intérêts annuels avec les revenus de son usufruit, ou même avec ses propres deniers : *usuras vel ex reditibus vel ex substantia sua omni modo dare compelletur* (1) (loi 8, § 4, C. *de bon. q. lib.*)

2° Si la succession testamentaire est grevée, non plus de dettes, mais de legs ou fidéicommis, en capital ou en annuités, et que les revenus ne suffisent pas à les acquitter, le père devra également vendre *filii nomine* des meubles et même des immeubles, en choisissant de préférence ceux qui rapportent le moins (L. 8, § 4, *eod. tit.)*.

3° Si une profonde misère le réduit à cette extrémité pour subvenir à ses besoins et à ceux de sa famille, le père peut encore vendre des biens adventices, ou les hypothéquer s'il ne trouve pas d'acheteur (L. 8, § 5).

4° Enfin il peut aussi se débarrasser des biens mobiliers ou immobiliers qui sont plus onéreux qu'utiles à conserver, et dont on ne peut retirer un profit qu'en les

(1) C'est là du reste, comme le fait très-bien remarquer Cujas, une peine dénuée de sanction, puisque le père n'est pas tenu de rendre compte et que le fils n'a aucune hypothèque sur ses biens.

aliénant. Dans ce cas, le produit en sera employé à couvrir les frais d'administration et d'amélioration des autres biens héréditaires, ou bien réservé au fils (Loi 8, §5).

Les obligations du père sont les mêmes que celles de tout autre usufruitier. Il doit entretenir les esclaves, *mancipia alere*, acquitter les charges annuelles, supporter enfin toutes les dépenses qui se prennent ordinairement sur le revenu. Il est aussi tenu de l'entretien et de l'éducation de ses enfants ; mais, dit le texte, c'est *non propter hereditates, sed propter ipsam naturam et leges quæ a parentibus alendos esse liberos imperaverunt.*

Le père a seul qualité pour exercer en justice, soit comme demandeur, soit comme défendeur, toutes les actions relatives au pécule adventice. Il doit seulement demander au fils son consentement, à moins qu'il ne soit absent ou *infans.* Dans tous les cas, c'est le père qui supporte les dépens ; en effet, dit la loi 8, § 3, *cum nuda proprietas apud filium inveniatur, ex qua substantia possibile est eum sumptus litis defendere ?*

Comment finit l'usufruit du pécule adventice ?

La mort du fils ne change rien à la situation ; le père continue à jouir du pécule jusqu'à son propre décès ; *in diem vitæ habeat*, dit la loi 1, C. *de bon. mat.* (1). Ceci, du reste, bien qu'entièrement contraire aux règles du Code Napoléon, est conforme aux principes de l'usufruit; la mort du nu-propriétaire est sans influence sur le droit de l'usufruitier.

L'émancipation du fils n'éteint pas non plus l'usufruit ; elle ne fait que le restreindre. Constantin avait dé-

(1) Voir aussi la loi 7, § 1, C, *ad senatusc. Tertullianum.*

cidé (1) que le père qui émancipait un de ses enfants pouvait retenir en pleine propriété le tiers des biens *quæ adquisitionem ejus effugiebant*, c'est-à-dire des biens dont il n'avait que la jouissance. Justinien (2) apporte une modification ; il accorde au père émancipateur, non pas un tiers en propriété, mais *la moitié en usufruit.* Ainsi l'émancipation, par laquelle le père se dépouille volontairement de la puissance paternelle, n'a d'autre effet que de réduire son droit à l'usufruit de la moitié.

Nous verrons que le Code Napoléon donne sur ce point une décision différente (art. 384).

L'usufruit du pécule adventice s'éteint complètement dans les deux cas suivants :

1° *La mort du père ;*

2° *Sa renonciation à son droit ;* et dans ce cas, les cohéritiers du fils à qui la renonciation a profité ne peuvent élever aucune réclamation pour l'avantage qui lui a été fait. La loi 6, § 2, *de bon. quæ lib.*, est positive : *Sin autem res sibi acquisitas parens noluerit retinere, sed apud filium aut filiam reliquerit, nullam post obitum ejus licentiam habeant heredes eumdem usumfructum sibi vindicare.* Nous verrons enfin quelques autres modes d'extinction, en nous occupant de ce que M. de Savigny et d'autres commentateurs appellent le *peculium extraordinarium.*

§ II. — Droits du fils sur le pécule adventice.

Le père ayant sur le pécule adventice un droit d'usu-

(1) L. 1, Code, *de bon. mat.* 6, 60.

(2) Loi 6, § 3, Code, *de bonis quæ liberis*, 6, 61.

fruit, le fils avait naturellement sur ce même pécule un droit de nue propriété.

Mais ses pouvoirs étaient bien moins étendus que ceux de tout autre nu-propriétaire ; il serait même plus vrai de dire qu'il n'en a aucun tant qu'il est en puissance ; il n'a l'exercice intégral de son droit qu'au moment où il devient *sui juris*.

Ainsi il ne peut ni aliéner, ni hypothéquer sa nue propriété: *nulla licentia filiis concedenda dominium rei ad eos pertinentis alienare, vel hypothecæ titulo dare, vel pignori adsignare* (Loi 8, § 5, C. *de bon. q. lib.)*. On lui enlève le droit de disposition, qui est le seul vraiment utile pour un nu-propriétaire. Pourquoi cette rigueur ? Justinien veut protéger les jeunes gens contre l'entraînement de leurs passions : *melius est*, dit-il, *coarctare juveniles calores, ne cupidini dediti tristem exitum sentiant qui eos post dispersum expectat patrimonium*. D'ailleurs, continue Justinien, pourquoi regretteraient-ils de ne pouvoir aliéner leurs biens, puisque leurs parents sont obligés de pourvoir à leur nourriture et à leur entretien.

Le fils ne peut exercer aucune action relative à son pécule adventice ; c'est le père qui les exerce toutes, ce qui est assez bizarre puisqu'il n'est qu'un simple usufruitier (Loi 8, § 3, *eod. tit.)*. Nous avons vu seulement plus haut que le père doit obtenir le consentement de son fils, s'il est capable de le donner.

Justinien, dans le § 5 de cette même loi 8, refuse également au fils le droit de tester sur les biens dont son père a l'usufruit : *nec de iisdem rebus testari permittimus*.

Si le fils ne peut avoir sur ce pécule des héritiers testamentaires, il peut du moins avoir des héritiers *ab intestat ;* ce privilége lui fut accordé par différentes constitutions impériales.

D'abord Théodose et Valentinien, s'occupant des *bona materna,* décident que la nue propriété en sera dévolue, *defuncto filio,* non au père, mais aux descendants (Loi 3, Code, *de bon. mat.).* Puis Léon et Anthemius décident, dans la loi 4, qu'à défaut de descendants ces biens seront dévolus aux frères et sœurs. Remarquons bien qu'il ne s'agit ici que de la nue propriété de ces biens dont le père continue à avoir la jouissance.

Enfin la Novelle 118, ch. 2, en conservant le premier rang aux enfants, fait concourir le père avec les frères et sœurs ; il n'est plus alors question de son droit d'usufruit ; il acquiert en pleine propriété les biens qui lui sont attribués dans le partage, mais il perd l'usufruit des autres biens.

Telle est la situation la plus ordinaire qui est faite au fils à l'égard du pécule adventice.

Il y a quelques cas, assez rares, où le père n'a pas l'usufruit de ce pécule, qui appartient alors au fils en toute propriété. Cette situation exceptionnelle du fils constitue ce que les commentateurs ont appelé le *peculium extraordinarium.*

Le pécule extraordinaire se présente dans les cas suivants.

1° Si une libéralité est faite au fils à la condition que le père n'aura pas l'usufruit des biens donnés (Nov. 117, ch. 1).

2° En cas de renonciation du père à son droit de jouissance (Loi 6, § 2, Code, *de bon. quæ lib.*) ;

3° Si le fils veut accepter une hérédité, *patre recusante :* alors *nullam acquisitionem nec usumfructum patri offertur* (Loi 8, pr. C., *de bon. q. lib.*) ;

4° En cas de divorce des parents sans motif légitime ; comme peine *injusti repudii*, les deux époux sont enfermés pendant toute leur vie dans un monastère ; leurs biens sont attribués à leurs enfants, et le père ne conserve sur ces biens aucun droit de jouissance (Nov. 134, ch. 11).

5° Lorsque les enfants héritent, en concours avec le père, des biens de leurs frères ou sœurs : *nullum usum ex filiorum aut filiarum portione in hoc casu valente patre sibi penitus vindicare* (Nov. 118, ch. 2).

Le fils est plein propriétaire de ce pécule extraordinaire ; il a donc le droit de l'aliéner, soit à titre gratuit, soit à titre onéreux. Mais il ne peut ester en justice relativement à ce pécule qu'après avoir obtenu le consentement de son père, *ne judicium sine patris voluntate videatur consistere* (Loi 8, pr. C. *de bon. q. lib.*).

Peut-il disposer par testament du *peculium extraordinarium ?* Des controverses se sont élevées sur ce point. On a soutenu l'affirmative en s'appuyant sur la loi 8, § 5 de notre titre *de bon. q. lib.*, où nous avons vu que le fils ne pouvait tester sur les biens dont son père a l'usufruit : on en a conclu, par un *a contrario*, qu'il pouvait tester sur les biens dont le père n'était pas usufruitier. Cette opinion ne saurait être admise : il semble, en effet, comme le fait observer Vinnius (1), que Justinien

(1) Commentaire sur les Institutes, l. 12, t. 12.

ait prévu cet argument *a contrario* et qu'il ait voulu l'écarter. En effet, il dit dans la loi 11, C. *qui test. facere poss.* (L. 6, t. 22) que personne ne s'imaginera qu'il ait voulu modifier les lois défendant aux fils de famille de tester, excepté dans des cas déterminés : *nullo modo*, dit-il, *hoc (id est testamentum facere) eis permittimus ; sed antiqua lex per omnia conservetur quœ filiisfamilias, nisi in certis casibus, testamenta facere nullo modo concedit.* Il faut donc, sans hésiter, admettre que le fils ne peut pas tester sur ce pécule, parce qu'aucun texte ne lui accorde ce droit.

Mais il paraît probable qu'il pourrait faire donation *mortis causa*, sans le consentement de son père, des biens qui composent le *peculium extraordinarium*. La Novelle 117, ch. 1, § 1, nous semble formelle ; elle déclare que si des biens sont donnés ou légués au fils à la condition que le père n'en aura pas l'usufruit, il peut en disposer à son gré : *licet sub potestate sint*, dit le texte, *licentiam habeant quo volunt modo disponere*. Aucune restriction n'est apportée à ce droit de disposition qui comprend évidemment la donation à cause de mort.

Telle est la théorie du *pécule adventice*, théorie dont le principe est le même que celui de l'usufruit légal. Ils sont, en effet, l'un et l'autre un attribut de la puissance paternelle, et en cela ils diffèrent totalement du droit de Garde, qui n'en dérivait pas et n'y avait trait qu'indirectement.

Il y a toutefois de notables différences entre la législation Romaine et la nôtre. Ainsi :

1º En droit Romain, l'usufruit du pécule adventice

appartient au *paterfamilias* seul, c'est-à-dire quelquefois à l'aïeul et jamais à la mère. Aujourd'hui c'est le père qui est usufruitier ; mais à son défaut le droit de jouissance passe à la mère, et il n'est jamais question de l'aïeul ;

2° L'art. 384 fait cesser cet usufruit à l'émancipation qui, en droit Romain, ne faisait que le restreindre ;

3° Aujourd'hui le droit de jouissance du père s'éteint dès que l'enfant a atteint l'âge de dix-huit ans ; en droit Romain, il existait quel que fut l'âge du fils ;

4° Enfin l'usufruit paternel cesse aujourd'hui à la mort de l'enfant, ce qui n'avait pas lieu pour le pécule adventice.

On ne peut néanmoins se dissimuler que, bien que le droit de Garde procède d'un tout autre principe, le législateur français s'en inspira beaucoup plus que du pécule Romain. Cela tient sans doute à ce que ce droit de Garde, à l'origine tout féodal et entièrement étranger à la puissance paternelle, subit dans la suite des temps une transformation presque complète, et, en devenant purement coutumier, se rapprocha un peu de cette puissance. Quoi qu'il en soit, nous verrons que les dispositions du Code Napoléon sont prises presque en entier dans la Garde noble et bourgeoise de la Coutume de Paris.

Disons, en terminant, que le midi de la France, où le droit barbare et la féodalité n'avaient pénétré que très-imparfaitement, suivait le droit Romain du Code Théodosien. On y reconnaissait donc les différents pécules ; nous les trouvons parfaitement établis dans le *Breviarium Alarici* ; puis dans les *Exceptiones Petri*, recueil composé à Valence vers la fin du XIe siècle, et document précieux sur l'état du droit Romain dans le Midi à cette époque.

DU DROIT DE BAIL OU DE GARDE

EN DROIT FÉODAL ET COUTUMIER (1).

—

Bien que l'usufruit paternel dérive seulement de la garde noble et bourgeoise, telle qu'elle fut réglée par la Coutume de Paris, il nous faut cependant remonter plus haut, et prendre le droit de Garde au moment même où il apparait dans la législation, c'est-à-dire dans le droit féodal à l'époque où les fiefs devinrent héréditaires. Nous verrons comment cette institution, purement féodale dans son principe et complètement étrangère au droit privé, subit plusieurs transformations ; comment, après avoir été le privilége des seigneurs, elle passa aux parents nobles ; comment enfin elle prit définitivement sa place dans le droit privé coutumier, en devenant la Garde noble et bourgeoise.

(1) Notre savant maître, M. Demangeat, a publié sur cette matière une dissertation des plus remarquables qui nous a servi de guide dans cette partie de notre travail. (Voir *Revue de droit français et étranger*, 1845 et 1847.)

Le droit de Bail ou de Garde est évidemment étranger à la législation Romaine ; nous savons en effet que le *paterfamilias* seul (père ou aïeul paternel), et non la mère, peut avoir sur le pécule de l'enfant un droit de propriété ou d'usufruit ; que de plus ce droit ne dépend nullement de l'âge de l'enfant, mais seulement de sa qualité de fils de famille qui peut durer jusqu'à soixante ans et plus. Or nous trouvons dans la garde deux principes entièrement opposés : 1° elle peut appartenir à la mère survivante aussi bien qu'au père, et elle appartient au père du vivant même de l'aïeul paternel et préférablement à celui-ci ; 2° elle cesse dès que l'enfant a atteint un certain âge.

C'est donc une institution dont l'origine première est toute germanique et féodale.

Nous étudierons la garde d'abord au point de vue féodal, puis au point de vue purement coutumier, et nous diviserons notre matière en deux chapitres :

1° De la Garde et du Bail dans le droit féodal ;

2° De la Garde noble et bourgeoise.

CHAPITRE I.

DE LA GARDE OU DU BAIL DANS LE DROIT FÉODAL.

§ I. — Garde seigneuriale.

Le droit de Garde naquit des nécessités du régime féodal. Le fief n'était concédé au vassal qu'à la charge de certains services, et principalement du service militaire : si le vassal se trouvait incapable de s'acquitter de ce service, il était juste que le seigneur reprît ses droits sur le fief, et ne le restituât au vassal que lorsque celui-ci serait devenu capable de fournir le service militaire, condition essentielle de la concession féodale. Or, c'est ce qui avait lieu tant que le vassal était mineur ; le système féodal exigeait donc que le seigneur se mît en possession du fief pendant toute la minorité de son vassal.

Ainsi prit naissance la première forme de cette institution, la *Garde seigneuriale* (1) ; et il est à croire qu'elle

(1) La coutume de Normandie l'appelle *Garde royale* ou *seigneuriale*, et quelquefois *Garde noble* ; la coutume de Bretagne l'appelle *bail*. Ce mot paraît venir de *bajulus*, qui, dans la basse latinité, signifie gouverneur.

fut adoptée dans tous les pays envahis par la féodalité ; mais les documents que nous possédons ne concernent que la Normandie et la Bretagne.

Le droit de Garde ne s'appliquait qu'aux fiefs nobles ; pour les autres tenures il n'y avait qu'une espèce de tutelle déférée à certains parents du mineur *(Britton, ch. 66)*. Le fief noble tombait en garde soit que le vassal fût mineur, soit que ce fief appartînt à une femme dont le mari était mineur *(Grand coustumier de Normandie, ch. 33)*.

Le Gardien avait seulement la jouissance du fief. Sa position était donc celle d'un usufruitier ; mais il perdait son droit de *rachat* ou de *relief*, c'est-à-dire le droit d'exiger une certaine somme à chaque mutation du vassal, notamment en cas de mutation par succession. Il ne pouvait rien faire qui ressemblât à une aliénation, et de plus devait acquitter toutes les dettes du vassal relatives au fief.

La Garde de la personne n'accompagnait pas nécessairement la garde du fief ; on nommait ordinairement au vassal un tuteur qui prenait soin de sa personne et de ses autres biens. Il y avait certains cas où le Seigneur avait la garde de la personne, par exemple s'il s'agissait d'un fief relevant directement du prince *(Grand coustumier de Normandie, ch. 35)*, ou si le mineur n'avait pas d'autres biens que le fief tombé en garde (cout. de Normandie, art. 218). Le seigneur était alors obligé de pourvoir à l'entretien du mineur (cout. de Normandie, art. 218 et 219) : *Le seigneur est tenu*, disait déjà le Grand Coustumier, *à trouver aux orphelins vivre avenant, et ce que mestier leur est, selon leur aage et la valeur des fiefs.*

Quand le roi était gardien, il jouissait de cette prérogative particulière de pouvoir comprendre dans sa Garde tous les autres fiefs et biens quelconques du mineur. De plus la Garde royale se prolongeait jusqu'à vingt et un ans, tandis que la garde seigneuriale cessait à l'âge de vingt ans accomplis.

§ II. — Droit de Bail.

Cette garde seigneuriale ne fut pas de longue durée (1). Déjà elle avait disparu en Bretagne au XIIIe siècle : en 1275, le duc Jean renonça à son droit de Garde moyennant le droit qu'il aurait de prendre à la mort de chacun de ses vassaux les revenus d'une année de tous les biens laissés par ce vassal, que l'héritier fût majeur ou mineur ; elle fut ainsi convertie en *droit de Rachat*. Les seigneurs sentirent de bonne heure combien était lourd le fardeau de la garde ; ils cherchèrent donc à se débarrasser des charges qu'elle leur imposait, charges souvent plus considérables que l'émolument lui-même. C'est ce qui fait que certains parents du mineur furent substitués au seigneur dans toutes les provinces féodales.

Mais quels parents succédèrent ainsi au seigneur dans le droit de garde ?

Les documents de l'époque féodale nous présentent à cet égard trois systèmes différents.

Voici le système des *Assises de Jérusalem* : Le bail ou la garde du fief échu à un mineur appartient, à défaut des père et mère de l'héritier, à son plus proche parent

(1) Elle fut néanmoins en vigueur en Normandie jusqu'à la révolution de 1789.

dans la ligne d'où procède le fief; *mais l'enfant ne deit mie estre en sa garde, se le fié li peut escheir, car en cest endreit a une assise qui dit que baill ne deibt mie garder mermiau.* Ainsi jamais la garde de la personne et celle du fief ne peuvent être réunies dans les mêmes mains; le baillistre sera l'héritier présomptif du fief, et le gardien de la personne sera le plus proche des parents à qui le fief ne peut jamais échoir. Le motif de cette règle nous est indiqué dans les Etablissements de saint Louis; *Cil qui ont le retor de la terre ne doivent pas avoir la garde des enfants, car souspeçons est que ils ne vousissent plus la mort des enfants que la vie, pour la terre qui leur escharroit.* C'est du reste l'application d'un vieux proverbe qui nous a été transmis par Philippe de Navarre :

N'a mie la garde de l'agnel
Qui doit en avoir la pel.

Si le mineur a son père ou sa mère, on suit alors une règle différente; le bail du fief et la garde de la personne appartiennent au père ou à la mère; l'affection que les parents doivent avoir pour leurs enfants explique comment on déroge, dans ce cas, à la règle qui ne veut pas que la même personne ait l'administration du fief et la garde du mineur.

Les coutumes de Beauvoisis présentent un autre système qui nous est exposé par Beaumanoir. Dans ce système, le bail du fief et la garde de la personne appartiennent à l'héritier présomptif du fief; seulement on peut lui retirer la garde et ne lui laisser que le bail, s'il y a danger pour la vie de l'enfant.

Nous trouvons enfin un troisième système dans un

coutumier du XIIIe siècle, *li Droit et lis Coustumes de Champaigne et de Brie ;* la garde est confiée au survivant des père et mère ou à l'aîné des enfants qui est majeur.

Du reste, ces trois systèmes, qui diffèrent dans leur principe, ont un très-grand nombre de règles communes sur les droits et obligations du gardien.

Il peut arriver que personne ne se présente pour réclamer la garde ; dans ce cas, il y a lieu à la Garde seigneuriale ; le Seigneur a l'administration lucrative du fief, sans être toutefois tenu de payer les dettes de son vassal comme cela a lieu ordinairement ; il doit seulement lui *livrer vesture et pasture.*

Le bail prend fin :

1° *A la majorité de l'enfant ;* cette majorité était généralement fixée à quinze ans pour les hommes, et douze ans pour les femmes. Du reste, le mineur devenu majeur n'est pas absolument obligé de sortir de bail ; on veille seulement à ce qu'une prolongation frauduleuse du bail n'ait pas pour résultat de frustrer le seigneur de son droit de rachat ;

2° *En cas de déchéance du baillistre pour forfaiture ;* le seigneur prenait alors possession du fief jusqu'à la majorité de l'enfant ;

3° *Par le mariage de l'héritière du vassal,* suivant les assises de la Haute-Cour.

Nous devons examiner : 1° quels sont les droits du baillistre ; 2° quelles sont ses obligations.

I. *Droits du baillistre.* — D'abord il devient propriétaire de tous les meubles, non-seulement de ceux qui appartenaient au mineur à l'ouverture du bail, mais encore de ceux qu'il acquiert pendant sa durée, *excepté ce qui serait donné ou laissié en testament d'autrui.*

En second lieu, il a l'administration lucrative du fief; il fait donc siens tous les fruits du fief, excepté *le ronci de service*, c'est-à-dire le cheval de guerre fourni par les vassaux du mineur.

Le baillistre pouvait aussi concéder sur le fief des droits réels qui duraient autant que sa jouissance ; absolument comme aujourd'hui un usufruitier peut hypothéquer son droit d'usufruit.

II. *Obligations du baillistre.* — Elles sont au nombre de *cinq :*

1° *Acquitter les charges ;* c'est-à-dire porter la foi et hommage au seigneur suzerain et lui payer le rachat ; faute de quoi le seigneur saisissait le fief et le *mettait en sa main.* Le survivant des père et mère n'avait toutefois aucun rachat à payer ;

2° *Entretenir en bon état* les biens du mineur dont il a l'administration ;

3° *Payer les dettes ;* le baillistre, qui devenait propriétaire des meubles, devait, par compensation, acquitter toutes les dettes du mineur ; on voulait que les meubles fussent employés au paiement des dettes, ce qui en effet est d'une bonne administration. Cette obligation a toujours été sanctionnée par les coutumiers qui la formulaient ainsi : *Qui bail prend, quitte le rend.*

Le baillistre, s'il trouve cette charge trop lourde, n'est nullement obligé d'accepter le bail : *nul n'est contraint à prendre bail ;* mais une fois le bail accepté expressément ou tacitement, il ne peut revenir sur cette acceptation qui est définitive.

Il est à remarquer que le bail opère une espèce de novation dans la personne du débiteur ; les créanciers ont pour unique débiteur le baillistre, et le mineur est définitivement libéré à leur égard ; sauf quelques cas particuliers où il peut être poursuivi après sa majorité.

4° *Pourvoir à l'entretien du mineur*, qu'il ait ou non la garde de la personne.

5° *Fournir des sûretés* qui garantissaient le paiement du rachat et la restitution du fief à la fin du bail.

Nous trouvons ainsi dans le *droit de bail,* considéré au point de vue exclusivement féodal, deux périodes bien distinctes. Dans la première, il appartient au seigneur suzerain, et cette garde seigneuriale subsista en Normandie tant que dura la féodalité, c'est-à-dire jusqu'en 1789 : dans la seconde, certains parents du vassal mineur sont substitués au seigneur.

Pour qu'il y ait lieu au droit de bail, il fallait nécessairement un fief, une tenure noble. Mais il s'opéra peu à peu dans le bail une transformation complète qui en changea le principe et lui donna une forme toute nouvelle ; les règles dont l'application supposait avant tout l'existence d'un fief, s'appliquèrent en raison de la noblesse des personnes, sans qu'on s'inquiétât de la qualité des biens.

C'est ainsi, dit M. Demangeat, que la *Garde noble,* prérogative accordée à la noblesse du sang, a remplacé le *droit de bail*, prérogative accordée à la noblesse de la terre. L'institution, telle que la féodalité l'avait organisée, a subsisté presque tout entière ; mais de purement réelle qu'elle était d'abord, elle est devenue personnelle (1).

Cette transformation du droit de bail est assurément remarquable, parce qu'elle nous fait voir cette institution sous un jour tout nouveau. Elle marque le moment où le droit de garde cesse d'appartenir au régime féodal, pour entrer dans le domaine du droit privé. Ce changement est le plus important qui se soit opéré dans cette institution ; mais il en amena d'autres considérables, et l'ancien droit de bail ne fut plus qu'un souvenir, tandis que la *Garde noble et bourgeoise* devint le droit commun des coutumes.

§ III. — Droit de Garde.

Avant de passer à la Garde noble et bourgeoise, nous devons dire en peu de mots ce qui arrivait quand le mineur ne possédait aucun fief, mais avait d'autres biens.

Quand le mineur n'a pas de fief, il n'y a pas lieu au droit de bail ; il y a lieu alors à ce qu'on appelle particulièrement *droit de Garde*, parce que celui qui administre les biens est habituellement chargé en même temps de la surveillance de la personne.

Cette garde appartient de plein droit au plus proche parent du mineur, pourvu qu'il offre toutes les garanties d'une bonne administration ; sinon le seigneur, qui surveille toujours les intérêts du mineur, peut le re-

(1) La réalité, du reste, a subsisté dans quelques pays : ainsi plusieurs coutumes n'admettent la garde noble qu'autant qu'il s'agit de fiefs ; d'autres, tout en ne s'attachant qu'à la noblesse du sang, en traitent néanmoins au titre des Fiefs, par un souvenir de l'ancien droit de bail. (Pothier, *Introduction à la Cout. d'Orléans*, N° 315).

pousser. Si aucun parent ne veut ou ne peut prendre la Garde, elle appartient au seigneur qui, dans ce cas, fait nommer un tuteur.

Elle finit à la majorité ou au mariage de l'enfant ; il s'agit là de la majorité roturière, c'est-à-dire à quatorze ans pour les hommes et à douze ans pour les femmes. Beaumanoir fixe uniformément la majorité à quinze ans pour les hommes et à douze ans pour les femmes ; mais il ne nous présente pas le droit féodal dans toute sa pureté.

Quels sont les droits et les devoirs du Gardien ?

La Garde, à la différence du bail, n'a aucun caractère lucratif ; elle ne procure aucun émolument au gardien qui se trouve alors dans la situation d'un simple tuteur. C'est un administrateur comptable qui doit conserver en bon état les terres qu'il détient : mais, ne retirant de la garde aucun avantage pécuniaire, il est soustrait à la maxime : *Qui bail prend, quitte le rend.* Il n'est tenu de payer *de suo* aucune dette du mineur ; et quand il rend ses comptes en cessant ses fonctions de gardien, il impute sur le patrimoine du mineur ce qu'il a dépensé pour subvenir à son entretien ou pour payer ses dettes.

Il doit, du reste, de même que le baillistre, fournir certaines sûretés. *Le Gardien*, dit Boutciller dans sa *Somme Rurale* (l. 1, ch. 93), *doit donner seurté et caution spéciale qu'il rendra le pupille, au chef de son âge, sans soin et sans dettes, et sans loien de mariage.*

La situation du gardien se trouve d'ailleurs singulièrement modifiée, quand une société tacite se forme entre lui et le mineur, ce qui arrivait très-fréquemment à cette époque. *Compaignie se fet par nostre coustume*, dit

Beaumanoir (ch. 21, nº 5), *par solement manoir ensanlle, à un pain et à un pot, un an et un jor, puisque li mueble de l'un et de l'autre sont mellés ensanlle.* Dans ce cas, il n'y avait d'autre obligation pour le gardien que celle d'un associé ordinaire, c'est-à-dire de procéder au partage du fonds social à l'expiration de la garde. Cette société ne pouvait pas avoir lieu entre *gentix hommes*; elle n'était permise qu'entre *gens de poeste.*

CHAPITRE II.

DE LA GARDE NOBLE ET BOURGEOISE.

—

La Garde noble et bourgeoise n'est autre chose que l'ancien *droit de bail*, qui, de purement féodal qu'il était dans le principe, subit une dernière transformation, et fit partie désormais du droit coutumier privé.

Elle était admise dans presque toutes les coutumes ; néanmoins celle de Châlons la rejetait complètement : *Garde noble et bourgeoise n'ont lieu*, dit l'art. 9, *ne bail pareillement, mais doit être pourvu aux mineurs de tuteurs et curateurs* (1). Du reste, même dans les coutumes qui adoptèrent cette institution, elle fut loin d'être réglementée d'une manière uniforme, et les dispositions coutumières qui concernent la garde présentent une très-grande diversité ; aussi nous bornerons-nous à exposer, d'après Pothier, ce qui formait le droit commun des coutumes.

Il faut nécessairement supposer, pour qu'il y ait lieu

(1) La Normandie avait conservé l'ancienne *Garde seigneuriale* du droit féodal ; elle y demeura en vigueur jusqu'à la révolution.

à la garde, que l'enfant a seulement soit son père, soit sa mère. Si tous deux existent encore, il ne peut être question de garde : en supposant donc le mariage dissous par la mort de l'un des époux, il s'agit, dans cette hypothèse, de régler le droit du survivant. Cela est caractéristique de cette institution, et nous montre combien peu la Garde noble et bourgeoise dérive de la puissance paternelle, puisqu'elle n'existe pas alors que cette puissance se manifeste dans toute son étendue, c'est-à-dire pendant le mariage des père et mère. Nous avions donc raison de dire que les rédacteurs du Code Napoléon, en faisant de l'usufruit légal un attribut de la puissance paternelle, consacraient dans leur œuvre un principe tout romain et étranger au droit coutumier. Cette observation est capitale dans la matière que nous étudions, car elle nous fait voir que le législateur français a puisé à une double source, dans le droit romain pour le principe, dans le droit coutumier pour les règles de détail.

Pothier définit ainsi la *Garde noble* : « Un droit que la loi accorde au survivant de deux conjoints nobles, *de percevoir à son profit le revenu des biens* que ses enfants mineurs ont eu de la succession du prédécédé, jusqu'à ce qu'ils aient atteint un certain âge, sous certaines charges qu'elle lui impose et en récompense de l'éducation desdits enfants qu'elle lui confie. »

La *Garde bourgeoise* n'est, dans les coutumes qui l'admettent, qu'une tutelle légitime dépourvue de toute espèce d'émolument : « C'est, dit Pothier (1), un droit que

(1) Pothier, coutume d'Orléans, Introduction au titre de la puissance paternelle.

la coutume donne au survivant de deux conjoints par mariage, ou, à son défaut ou refus, aux autres ascendants, de gouverner avec autorité les personnes des enfants mineurs dudit mariage, et les biens qui sont advenus auxdits mineurs dudit mariage, et qui pourraient leur advenir d'ailleurs. » Le gardien bourgeois n'est donc qu'un simple administrateur comptable, et sa garde ne lui procure aucun avantage pécuniaire ; il est dans la position où se trouvait, dans le droit féodal, le gardien qui était chargé d'administrer des biens autres que des fiefs ; il est, en un mot, dans la situation d'un tuteur ordinaire. Nous ne nous occuperons pas de cette Garde bourgeoise, totalement étrangère à notre sujet, et qui par conséquent ne présente qu'un minime intérêt au point de vue où nous nous plaçons.

Mais il est une coutume, la coutume de Paris, dans laquelle la *Garde bourgeoise* est organisée d'une manière toute différente. C'est une Garde revêtue d'un caractère lucratif, et qui procure au survivant de deux époux un droit de jouissance sur les biens recueillis par les enfants mineurs dans la succession du prédécédé.

Ce privilége des bourgeois de Paris leur fut accordé par Charles V, par lettres patentes du 9 août 1371, et confirmé par Charles VI, par lettres patentes du 5 août 1390. Il était spécial au bourgeois de Paris, en ce sens qu'il ne suffisait pas de demeurer dans une ville régie par la coutume de Paris ; il fallait être bourgeois de Paris, c'est-à-dire avoir demeuré la ville et faubourgs de Paris depuis un an et un jour. « Il faut, dit Ferrière sur l'art. 173 de la coutume de Paris, que celui qui use de ce privilége ait demeuré en cette ville ou dans les fauxbourgs d'icelle par an et jour ; c'est-à-dire qu'il y ait au moins un an et jour qu'il y ait établi son véritable et perpétuel domicile avec sa femme, ses enfants et sa famille ; car celui qui aurait demeuré plusieurs années en cette ville pour des affaires particulières, à dessein de s'en retourner aussitôt qu'elles seraient vuides où il aurait son domicile ordinaire, il ne pourrait pas avoir ce privilége, n'étant pas réputé bourgeois de Paris (1). » Du reste il n'est pas nécessaire d'être né à Paris ; il suffit d'y avoir son domicile lors de la mort du prédécédé, qui donne ouverture à la garde (Pothier).

Cette Garde bourgeoise de la coutume de Paris (2) a tous les caractères et tous les avantages de la Garde noble ; sauf quelques différences, ces deux institutions se confondent. Nous allons indiquer ces différences, après quoi nous pourrons en parler simultanément sans avoir besoin de les distinguer.

I. — La Garde noble appartient non-seulement au père ou à la mère, mais même à l'aïeul ou à l'aïeule nobles, tandis que la Garde bourgeoise n'est donnée qu'au survivant des père et mère (art. 265 et 266).

II. — La Garde noble appartient aux ascendants nobles, qu'ils soient domiciliés dans la ville de Paris ou en dehors, pourvu que ce soit dans l'étendue de la coutume

(1) Ferrière parle ici du droit de *saisie foraine* qui est également un privilége spécial aux bourgeois de Paris (art. 173 de la Cout.).

(2) Quelques autres coutumes, comme celle de Clermont, admettent aussi une garde bourgeoise avec émolument pour le gardien ; mais elles la restreignent à la jouissance des biens nobles des mineurs (Pothier, *traité de la Garde noble*).

(art. 265 et 267) ; la Garde bourgeoise n'est accordée qu'aux bourgeois de Paris.

III. — La Garde noble dure jusqu'à vingt ans pour les hommes et jusqu'à quinze ans pour les femmes ; la Garde bourgeoise cesse pour les hommes à quatorze ans et pour les femmes à quinze ans.

IV. — L'article 269 (Cout. de Paris) impose au gardien bourgeois l'obligation de donner caution ; le gardien noble en est dispensé.

Nous examinerons successivement :

1° A qui appartient la Garde noble et bourgeoise ?

2° A qui est-elle déférée ?

3° Quels sont les droits et les obligations du gardien ?

4° Quand et comment cesse le droit de garde ?

§ I. — A qui appartient la Garde noble et bourgeoise ?

Le droit de Garde fut toujours une prérogative accordée à la noblesse ; cette distinction des personnes en nobles et roturiers n'avait pas été restreinte au droit féodal ; elle avait envahi le droit privé lui-même. D'après certaines coutumes, comme celle de Troyes, il fallait même, pour avoir le droit de garde, non seulement posséder la noblesse, mais encore *vivre noblement*, c'est-à-dire sans rien faire. Si, dans la coutume de Paris, elle appartenait aux bourgeois, c'est que la bourgeoisie y était une sorte de noblesse qui donnait certains avantages et entre autres celui-là. Du reste, les coutumes de Berry, de Montfort-Lamaury, et quelques autres encore n'exigeaient ni la noblesse, ni même la bourgeoisie.

La Garde appartient en première ligne, dans toutes les coutumes, au survivant des père et mère (1). Mais, à défaut du père ou de la mère, quel est le parent qui en sera investi ? Ici la règle n'est plus uniforme, et une grande diversité règne dans les coutumes.

Il en est quelques-unes, celles du Boulonois, du Hainaut, d'Amiens (2), qui, s'attachant au principe du droit féodal, appellent, à défaut du père ou de la mère, le plus proche parent du côté d'où est venu l'héritage ; d'autres appellent alors le plus proche collatéral, sans distinguer d'où vient l'héritage.

Mais la garde des collatéraux était repoussée par la grande majorité des coutumes, qui ne la déféraient jamais qu'à un ascendant. On se défiait des collatéraux en pareille matière : comme il s'agit avant tout de donner à l'enfant un guide et un protecteur, qui prendra soin de sa personne et de ses biens, on peut craindre qu'un collatéral, qui ne peut avoir pour le mineur une affection aussi grande qu'un père ou un aïeul, cherche uniquement son intérêt au préjudice de celui du pupille. C'est ce que dit le procès-verbal de rédaction de la coutume de Troyes : *lequel bail et garde était grandement préjudiciable à plusieurs enfants mineurs estans au dit païs ; car ceux auxquels estait le bail ou garde n'en prenaient la charge, si non quand ils veoient qu'elle leur était profitable.*

La coutume de Troyes rejeta le bail des collatéraux.

(1) Cependant, dans quelques coutumes, la garde n'appartient jamais à la mère ; dans la coutume de Metz, au contraire, le père a seulement la tutelle, tandis que la garde lucrative est donnée à la mère.

(2) Coutume d'Amiens, art. 226.

Dumoulin le qualifie sévèrement ; après avoir dit que la coutume de Paris ne l'admet pas, il ajoute : *Nihil enim est aliud quam deprædatio pupillorum et orphanorum, quos lex divina et naturalis, et omnis lex humana recte posita jubet ab omni injuria protegi* (1).

Les collatéraux furent donc repoussés par la majorité des coutumes ; et la garde fut réservée exclusivement aux ascendants.

Mais ici encore les coutumes se séparent. Quelques-unes ne la déférent qu'au survivant des père et mère, à l'exclusion de tout autre ascendant.

Les coutumes de Paris et d'Orléans déférent la Garde noble à l'aïeul ou à l'aïeule à défaut des père et mère (2). Ici nous trouvons une différence entre la Garde noble et la Garde bourgeoise lucrative ; celle-ci est restreinte aux père et mère (art. 266, cout. de Paris), tandis que la Garde noble peut appartenir aux ascendants du second degré.

La coutume de Paris ne parle que des aïeuls et aïeules, sans étendre spécialement sa disposition aux autres ascendants, comme le fait celle d'Orléans, art. 26. Dans ce cas, la Garde est-elle limitée à Paris à l'aïeul ou aïeule, ou peut-elle appartenir à un ascendant d'un degré plus éloigné ? Pothier pense qu'il faut la restreindre au premier degré ; la raison en est, dit-il, que les coutumes,

(1) Voyez Dumoulin sur l'art. 2 de l'ancienne coutume de Paris.

(2) Art. 23 de la Cout. d'Orléans, art. 265 de la Cout. de Paris. Signalons une différence entre ces deux coutumes. Celle de Paris appelle les aïeuls ou aïeules des mineurs, sans distinguer s'ils sont ou non du côté du conjoint prédécédé : celle d'Orléans n'appelle que l'aïeul qui se trouve du côté du prédécédé.

étant de droit écrit, ne peuvent s'étendre à d'autres personnes qu'à celles qui sont comprises dans le sens naturel des termes, surtout lorsqu'il s'agit d'une disposition peu favorable, telle qu'est celle de la Garde noble, qui est contraire aux intérêts des mineurs, et tend à enrichir le gardien à leurs dépens (1). Remarquons toutefois que l'opinion de Pothier est ici entachée de partialité ; il voit cette institution avec défaveur, et il cherche sans cesse à en restreindre les applications.

La Garde noble ou bourgeoise (2) ne se défère qu'une fois ; c'est-à-dire que le survivant des père et mère, devenu gardien, venant à mourir, la garde ne passe pas à l'aïeul : de même, si elle a été déférée à l'aïeul, elle ne peut passer à sa femme à son décès. « Il n'y a, » dit Pothier, « qu'une garde noble des mêmes mineurs ; y en ayant eu une par la mort de leur père, qu'a eue ou pu avoir leur mère, ou à son refus l'aïeul, il ne peut plus y avoir lieu à une seconde, car la garde noble ne se réitère point : étant défavorable et préjudiciable aux mineurs, elle doit être restreinte. »

Quelles qualités doit avoir le gardien ?

La première de toutes, c'est la noblesse ou la bourgeoisie ; mais il faut de plus jouir de ses droits civils.

Ainsi ne peuvent être gardiens :

1° *Ceux qui sont morts civilement*, puisqu'ils sont réputés non existants pour tout ce qui concerne leur condition civile. En est-il de même de ceux qui sont frappés d'infamie par suite de condamnations judiciaires? Pothier

(1) Pothier, traité de la Garde noble, section 1, § 1.

(2) Nous ne parlons jamais que de la garde bourgeoise de la coutume de Paris, la seule qui soit lucrative.

dit non ; car l'infamie ne les prive pas du droit de puissance paternelle, ni des droits de succession ; elle ne saurait donc leur enlever la garde qui est un droit de même nature.

2° *Les interdits ;* car ceux qui sont incapables de se gouverner eux-mêmes ne peuvent être réputés capables de gouverner les autres (1). Il n'en est pas de même de ceux qui sont pourvus d'un conseil judiciaire, et qui ne sont incapables que pour les actes d'aliénation.

Les mineurs peuvent avoir la garde de leurs enfants ; émancipés par le mariage, ils sont réputés capables d'administrer leurs propres biens ; et rien ne s'oppose à ce que la garde de leurs enfants leur soit confiée. Néanmoins la coutume du Maine contient une disposition contraire ; elle refuse la garde au survivant, s'il est mineur ; mais cette coutume doit être restreinte à son territoire.

Quant aux collatéraux, les coutumes qui les admettent exigent qu'ils soient majeurs de vingt-cinq ans.

§ II. — Comment est déférée la Garde ?

Nul n'est gardien malgré lui ; et celui qui veut se soustraire à la Garde le peut toujours par une renonciation. Ici encore nous trouvons un principe différent dans la coutume de Paris et dans celle d'Orléans.

(1) Ceci est l'opinion de Pothier ; mais Dumoulin et Ferrière paraissent professer une doctrine contraire. Comme ce droit, disent-ils, ne consiste que dans la jouissance des biens, ceux qui sont incapables d'administrer leurs biens ne sont pas incapables d'en jouir par leurs curateurs. Le raisonnement de Pothier est préférable : la Garde ne consiste pas seulement dans la jouissance ; il s'agit là d'un droit aussi bien d'administration que de jouissance ; c'est une *administration lucrative*.

A Paris, la Garde noble et bourgeoise doit être acceptée en jugement (1) ; et le gardien n'est investi d'aucun droit jusqu'au jour de son acceptation. Il est, comme le fait remarquer M. Demangeat, dans la même situation que l'*heres extraneus* des Romains ; il lui faut, pour ainsi dire, faire adition de la Garde. Mais cette acceptation solennelle a-t-elle un effet rétroactif et remonte-t-elle au jour de son acceptation ? Renusson le pense ainsi, et donne au gardien les fruits perçus même avant son acceptation. Pothier repousse cette opinion : la coutume de Paris ne déférant pas de plein droit la garde, le survivant ne devient gardien que par l'acceptation ; il n'a donc aucun droit sur les fruits perçus antérieurement, puisque l'art. 267 ne lui donne les fruits que durant la garde (2).

La coutume d'Orléans défère la garde de plein droit (art. 23) ; le survivant en est en quelque sorte saisi, et, s'il veut y échapper, il doit la répudier par une déclaration au greffe.

Le survivant pourrait-il conserver la garde de quelques-uns seulement de ses enfants, et renoncer à celle des autres ? Aucun principe de droit ne s'y oppose, car

---

(1) Art. 269. Ces termes, *en jugement*, signifient en présence du juge, l'audience tenante (Pothier).

(2) Il peut arriver qu'un Bourgeois de Paris, se croyant noble, accepte en jugement la Garde noble de ses enfants. Aura-t-il par là même accepté la Garde bourgeoise ? Renusson et Pothier décident la négative ; il ne peut pas avoir la Garde noble qu'il a acceptée, parce qu'il n'est pas noble ; il ne peut pas avoir la Garde bourgeoise, parce qu'il ne l'a pas acceptée : *fecit quod non potuit ; non fecit quod potuit.* D'ailleurs le gardien bourgeois étant obligé de donner caution, il manquerait toujours un élément essentiel de la Garde bourgeoise.

il y a autant de gardes différentes qu'il y a d'enfants ; mais Auzanet et Lemaître font remarquer qu'une telle façon d'agir est contraire à la bienséance, et ne peut avoir lieu que dans un but d'avarice ou d'injuste préférence (1).

§ III. — Droits et obligations du Gardien.

I. — DROITS DU GARDIEN. — La nature du droit conféré au gardien est double ; c'est un droit d'administration et un droit de jouissance ; il y a un émolument et des pouvoirs.

L'émolument consiste d'abord dans le droit qu'a le gardien de jouir des immeubles recueillis par le mineur dans la succession du prédécédé, c'est-à-dire de percevoir à son profit tous les fruits naturels et civils de ces immeubles, et cela pendant toute la durée de la garde. Pour déterminer quels produits comprend le mot *fruits*, comment le gardien doit les percevoir, il faut suivre les règles de l'usufruit. Disons seulement que les profits féodaux ou censuels qui s'ouvrent pendant la garde sont des fruits civils, et comme tels appartiennent au gardien ; quant au retrait féodal, Dumoulin ne le considère pas comme un fruit civil et le refuse au gardien ; mais Pothier et Renusson inclinent vers l'opinion contraire.

Dans certaines coutumes, le gardien n'a pas seulement la jouissance des immeubles ; il devient propriétaire des

(1) Pothier et Ferrière pensent que l'on pourrait renoncer à la Garde par contrat de mariage, car la jurisprudence a rendu ce contrat susceptible de toutes conventions. Mais l'époux prédécédé ne pourrait, par son testament, priver le survivant de la garde de ses enfants. Nous verrons s'il faut en dire autant aujourd'hui de l'usufruit légal.

meubles. De ce nombre est la Coutume d'Orléans, qui, dans son art. 25, donne au gardien noble la propriété de tous les biens mobiliers de la succession du prédécédé : « Les Gardiens nobles prennent les meubles de leurs enfants mineurs, et les font leurs.... » Dans ce cas, le gardien est libéré par confusion des dettes dont il était tenu envers la succession ; il faut en excepter les créances de la succession pour la reprise des propres, ou leur remploi s'ils ont été aliénés. Du reste, jamais ce droit ne peut empiéter sur la légitime, qui doit être avant tout respectée. Si donc la succession ne se compose que de mobilier, il faut d'abord parfaire la légitime des mineurs, et le reste est attribué au gardien (1).

La Coutume de Paris ne donnait pas au gardien la propriété des meubles ; l'art. 267 lui attribue seulement la jouissance des immeubles et l'administration des meubles ; c'est ce système, dit M. Demangeat, qui était le plus généralement suivi dans le droit coutumier. Quelques coutumes disent que *meubles ne tombent en garde ;* le gardien ne peut alors réclamer l'administration des meubles que s'il est tuteur.

Le droit du gardien porte sur tous les biens que le mineur a recueillis dans la succession de la personne dont le décès donne ouverture à la garde. Mais faut-il le restreindre à ces biens, ou doit-on l'étendre à tous ceux qui adviennent au mineur pendant la durée de la garde ? Nous ne trouvons que quelques coutumes qui

(1) Pothier regrette que dans l'attribution du mobilier au gardien on comprenne les bestiaux ; car, en sortant de garde, les mineurs sont contraints, pour exploiter leurs fonds, de les racheter de leurs gardiens, ce qui les oblige quelquefois à engager leurs terres.

s'en expliquent formellement, et encore donnent-elles des décisions opposées (1). Quelle règle suivre dans les coutumes muettes, par exemple dans celle de Paris? Renusson et Pothier restreignent la garde aux biens de la succession du prédécédé ; Pothier même ne soulève pas la question et indique à peine une controverse sur ce point : « Dans les Coutumes de Paris et d'Orléans, dit-il, il n'y a de biens sujets à la Garde noble que ceux de la succession du prédécédé ; tous les autres biens qui peuvent être échus aux mineurs depuis, par la succession de leurs aïeuls ou autres parents, ou par les donations ou legs qu'on leur aurait faits, n'y sont pas sujets.... » Toutefois l'opinion contraire, qui comprend dans la garde tous les biens du mineur, même ceux qu'il a acquis depuis l'ouverture de la garde, est tout-à-fait conforme à l'ancien droit, où elle est exposée par Beaumanoir (2) et Bouteiller (3) ; elle est du reste adoptée par Dumoulin, Bacquet et Laurière.

Les pouvoirs du gardien consistent dans l'administration de tous les biens dont il a la jouissance. Ainsi à Paris, où il n'a pas la propriété des meubles, il en a l'administration (art. 267) (4).

---

(1) Les Coutumes de Loudun et de Tours restreignent le droit du gardien aux biens recueillis dans la succession du prédécédé ; celles d'Anjou, du Maine, de Péronne, l'étendent à tous les autres biens du mineur.

(2) Voir *Coutume de Beauvoisis*, chap. 15, n° 5.

(3) Somme rurale, chap. 93.

(4) Remarquons que dans la Coutume de Paris, la tutelle et la garde sont deux choses distinctes ; le gardien peut n'être pas tuteur ; dans la Coutume d'Orléans, au contraire, le gardien noble est nécessairement tuteur (Cout. de Paris, art. 270 et 271).

II. — OBLIGATIONS DU GARDIEN. — Le Gardien doit :

1° *Faire inventaire.* — Cela n'est exigé que dans les coutumes qui refusent au gardien la propriété des meubles, par exemple à Paris ; dans les autres, comme celle d'Orléans, aucun inventaire n'est prescrit.

Cet inventaire doit être fait dans le délai de trois mois, d'après l'ordonnance de 1667 ; mais le défaut d'inventaire ne priverait pas le gardien de son émolument. Aucun texte ne le décide ainsi ; et on ne doit pas établir des peines que la loi n'a pas prononcées. Dumoulin partage cette opinion : « *hoc omisso* », dit-il, « *non desinit facere fructus suos, quia inventarium nihil habet commune cum fructibus.* » Le défaut d'inventaire entraîne du reste d'autres conséquences pénales, telles que la continuation de la communauté, et le droit pour le mineur de prouver par commune renommée la consistance du mobilier.

2° *Donner caution.* — Cette obligation n'est imposée qu'au Gardien bourgeois par la Coutume de Paris (art. 269) ; le Gardien noble en est dispensé à Paris comme à Orléans ; sauf toutefois la Gardienne noble qui s'est remariée, et que la Coutume d'Orléans oblige, ainsi que son nouveau mari, à fournir caution.

3° *Pourvoir à l'entretien et à l'éducation des mineurs.* — Cette éducation doit être proportionnée à la fortune propre des mineurs ; et si le gardien négligeait ce devoir, on pourrait l'y contraindre par la saisie des revenus ; on pourrait même au besoin lui retirer la Garde.

4° *Conserver et entretenir en bon état les biens sujets à la garde.* — Il doit donc faire toutes les réparations d'entretien. Quant aux frais des procès relatifs à ces biens, Pothier les met à sa charge ; mais Duplessis et Bourjon ne lui font supporter entièrement que les frais des procès relatifs à la jouissance ; ceux des procès concernant la propriété tombent à la charge définitive du mineur ; le gardien n'est tenu que d'en faire l'avance. Cette doctrine a passé dans l'art. 613 du Code Napoléon.

5° *Acquitter les dettes.* — Le Gardien doit d'abord acquitter toutes les charges réelles qui grèvent les héritages tombés en garde ; de même les droits de relief et les arrérages de rentes.

Il doit de plus payer toutes les dettes mobilières du mineur; non seulement celles dont il se trouve grevé depuis l'ouverture de la garde, mais même celles qui grevaient la succession du prédécédé. Cette obligation avait sa raison d'être dans les Coutumes qui donnaient au gardien la propriété des meubles ; de même qu'il prenait tout l'actif mobilier, de même il devait supporter tout le passif mobilier ; c'est une corrélation fort équitable ; mais elle existait même dans les Coutumes qui refusaient au gardien la propriété des meubles, ce qui ne peut s'expliquer que par un souvenir de ce qui avait lieu autrefois en matière de bail. On a innové en retirant au gardien la propriété du mobilier, et on lui a laissé la charge des dettes mobilières, sans prendre garde qu'elle n'avait plus sa raison d'être (Cout. de Paris, art. 267) ; on a donc conservé l'ancienne maxime : *Qui bail prend, quitte le rend* (1).

(1) Le mineur n'est pas pour cela libéré vis-à-vis des créanciers, et il ne s'opère plus de novation comme dans l'ancien bail ; les créanciers ont alors deux débiteurs, le gardien et le mineur, mais si le mineur est forcé de payer, il a son recours contre le gardien.

Le Gardien doit également payer les frais funéraires du défunt ; car ce sont là de véritables dettes de la succession. Quant aux legs de sommes d'argent qu'aurait faits le *de cujus*, quelques coutumes les mettent à la charge du Gardien ; pour les coutumes muettes, Pothier ne donne cette décision que dans celles où le gardien devient propriétaire des meubles.

Le Gardien est tenu de toutes ces obligations même au-delà de son émolument, du moins dans les Coutumes de Paris et d'Orléans (1) : c'est pour lui une espèce de forfait ; si le passif excède l'actif, il se trouve en perte ; si l'actif est supérieur au passif, il gagne l'excédant.

§ IV. — Quand et comment finit la Garde ?

La Garde noble et bourgeoise cesse d'abord en cas de mort ou d'interdiction du Gardien. Il y a, en outre, six modes d'extinction de ce droit, qui sont les suivants :

1° *L'âge du mineur* ; à Paris, la Garde noble cesse à vingt ans pour les mâles, à quinze ans pour les filles ; la Garde bourgeoise finit plus tôt, à quatorze ans pour les mâles, à douze ans pour les filles. A Orléans, la Garde noble prend fin à vingt ans et un jour pour les mâles, à quatorze ans et un jour pour les filles.

Les filles restent donc en garde moins longtemps que les hommes ; comme elles peuvent se marier plus tôt que ces derniers, on veut éviter que le gardien, privé de son droit par le mariage, ne refuse son consentement à un établissement avantageux.

2° *Le mariage ou l'émancipation du mineur.*

---

(1) Il en est quelques-unes dans lesquelles il n'est tenu qu'*intra vires*.

3° *Sa mort* naturelle ou civile, par exemple s'il prononce les vœux monastiques, ou s'il est condamné à une peine capitale.

4° *La mort ou le second mariage du gardien.*

5° *La perte de la noblesse* ; ceci est spécial à la Garde noble.

6° *L'inexécution des charges* (1) ; dans ce cas, c'est le juge qui prononce la destitution du gardien ; de même au cas où la mère gardienne vit dans une état d'impudicité notoire.

Nous avons terminé l'étude des origines de l'usufruit légal, et nous avons pour cela puisé à deux sources distinctes, au droit Romain et au droit Coutumier.

Le droit Romain nous a fourni le principe même de notre matière ; et nous avons vu plus haut que l'usufruit accordé au père sur le pécule adventice de son fils dérivait directement de la puissance paternelle, qu'il était un attribut et un émolument de cette puissance. Tel est le principe que le législateur français a emprunté aux lois Romaines, et qu'il a introduit dans le Code Napoléon. Mais il s'est arrêté là ; et dans l'organisation de l'usufruit légal, nous trouvons des règles entièrement étrangères à la législation Romaine.

Le droit coutumier nous présente une institution d'un tout autre caractère. Purement féodale dans son principe et dans son origine, la Garde noble et bourgeoise naquit de la nécessité d'assurer le service militaire des fiefs en cas de minorité du vassal ; elle fut ensuite étendue à

(1) C'est là aujourd'hui une question très-controversée que nous aurons, du reste, à examiner plus tard.

d'autres biens et prit l'apparence d'un droit de famille ; enfin, après une série de transformations successives, elle perdit presque complètement sa nature primitive et devint une institution, non plus féodale, mais coutumière, un simple droit de jouissance accordé aux ascendants sur les biens de leurs descendants mineurs.

Mais la puissance paternelle n'était pour rien dans le droit de garde. D'abord ce droit n'existait pas pendant le mariage, c'est-à-dire alors que cette puissance nous apparaît dans son entier développement ; il ne prenait naissance qu'après la dissolution du mariage, alors que la tutelle vient altérer singulièrement la nature de l'autorité paternelle. De plus, la garde pouvait appartenir à des personnes qui n'ont jamais cette autorité, par exemple l'aïeul et même quelquefois un simple collatéral. Or le Code Napoléon a fait de l'usufruit légal un attribut de cette puissance, et, en cela, il s'écarte complètement des principes de la garde.

Les rédacteurs du Code savaient parfaitement qu'en instituant l'usufruit paternel, ils faisaient un emprunt à la législation Romaine et non au droit coutumier, puisqu'ils voulaient précisément réagir contre l'iniquité des dispositions coutumières qui n'attachaient aucun émolument à la puissance paternelle. Ecoutons M. Réal : « La loi Romaine », dit-il, dans son exposé de motifs, « accorde au père (sauf l'exception des divers pécules) tout ce qui appartiendra au fils de famille pendant la vie du père. La plupart des coutumes ne reconnaissent point de droit utile attaché à l'exercice de la puissance paternelle, et celle de Paris garde sur ce point le silence le plus absolu ;

car il ne faut pas confondre avec le droit dont nous parlons, celui qui résultait du droit de garde noble ou bourgeoise accordé au survivant sur les biens de ses enfants restés en minorité. » (Locré, t. 7, page 63).

« Ainsi une législation accorde tout, pendant que l'autre ne donne rien. C'est en évitant ces deux extrêmes que le gouvernement propose la disposition, etc.... »

Chose remarquable ! Le législateur commence par déclarer qu'il sanctionne une règle toute Romaine, qu'il paraît même étonné de ne pas trouver reproduite dans les coutumes, et ce sont précisément ces mêmes coutumes dont il s'empare, et dont il fait passer les dispositions presque intégralement dans le Code, sous un nom nouveau.

Ainsi, de même que la Garde, l'usufruit légal appartient au père ou à la mère ; comme elle, il cesse à la majorité ou à l'émancipation, etc.... C'est surtout à l'égard des charges de cet usufruit que l'analogie est plus frappante encore, et l'article 385 du Code Napoléon n'est que le reflet de l'article 267 de la Coutume de Paris.

Nous pouvons donc considérer les règles de la Garde noble et bourgeoise comme étant devenues celles de l'usufruit légal, et c'est dans les dispositions coutumières que nous devons chercher la solution des nombreuses difficultés que nous rencontrerons sur les différentes parties de notre matière.

DEUXIÈME PARTIE.

DE L'USUFRUIT LÉGAL

DANS LE CODE NAPOLÉON.

(Art. 384 à 387.)

CHAPITRE I.

A QUI APPARTIENT L'USUFRUIT LÉGAL ?

L'usufruit légal appartient, nous dit l'article 384, *au père durant le mariage, et, après la dissolution du mariage, au survivant des père et mère.*

Tel est le principe ; ce droit de jouissance est une prérogative attachée à la puissance paternelle. Il existe donc tout le temps que dure cette puissance : il peut même lui survivre, puisque la loi l'accorde, après la dissolution du mariage, au survivant des époux.

Etablissons tout de suite une comparaison entre le Code civil et la législation antérieure. Sur ce point, le droit moderne diffère à la fois du droit coutumier et du droit romain.

1° *Différence avec le droit coutumier.*

La garde noble pouvait appartenir à l'aïeul ou à l'aïeule ;

la jouissance légale n'appartient jamais aux ascendants ; elle est toujours limitée au premier degré.

La garde bourgeoise ne pouvait exister si l'enfant avait encore ses père et mère ; elle n'appartenait qu'au survivant, et ne prenait naissance qu'à la dissolution du mariage (1). Le droit de jouissance légale existe aujourd'hui, même durant le mariage ; et c'est là une grande innovation : le code en a fait un attribut de la puissance paternelle ; c'est un émolument qu'il a attaché à cette puissance, en compensation des soins et des sacrifices que peut entraîner l'éducation des enfants.

2° *Différence avec le droit romain (2).*

La mère n'avait jamais, à Rome, l'usufruit du pécule adventice ; il appartenait, de même que la *patria potestas*, exclusivement au *paterfamilias*. Le Code Napoléon associe la mère à la puissance paternelle, art. 372 : « Il (l'enfant) reste sous *leur* autorité jusqu'à etc.... » Ainsi cette autorité n'est pas réservée au père ; elle appartient à tous deux. Seulement le père seul l'exerce durant le mariage (art. 373) (3).

De là il résulte que la mère a aussi, mais à défaut du père seulement, le droit de jouissance légale. « Le légis-

(1) Nous avons déjà signalé ce point important en étudiant le droit de Garde.

(2) Remarquons que l'aïeul pouvait, en droit Romain, avoir l'usufruit du pécule adventice, puisqu'il pouvait avoir la *patria potestas*. Aujourd'hui l'usufruit paternel ne peut jamais appartenir qu'à un ascendant du premier degré.

(3) Et encore cela n'est pas absolu : même pendant le mariage, le père peut se trouver dans l'impossibilité d'exercer la puissance paternelle ; dans ce cas la mère l'exercera. C'est ce qui arrive en cas d'absence ou d'interdiction du mari ; ou bien s'il est déchu de la puissance paternelle. (C. N. 141. C. P. 335).

» lateur, » dit M. Réal, « a voulu établir un droit égal, » une égale indemnité là où la nature avait établi une » égalité de peines, de soins et d'affections ; il répare, » par cette équitable disposition, l'injustice de plusieurs » siècles ; il fait, pour ainsi dire, entrer pour la pre- » mière fois la mère dans la famille, et la rétablit dans » les droits imprescriptibles qu'elle tenait de la nature, » droits sacrés, trop méprisés par les législations an- » ciennes, reconnus, accueillis par quelques-unes de » nos coutumes, notamment par celle de Paris, mais » qui, effacés dans nos codes, auraient dû se retrouver » écrits, en caractères ineffaçables, dans le cœur des » enfants bien nés. » C'est donc au père qu'appartient, pendant le mariage, le droit de jouissance légale ; après la dissolution du mariage, il appartient au survivant.

Tant que vit le mari, la mère ne peut avoir ce droit de jouissance ; et cela nous conduit à examiner plusieurs questions qui sont vivement controversées dans la doctrine.

Il peut arriver que le mari soit en état de présomption légale d'absence ou d'interdiction. Dans ce cas, même du vivant de son mari, la mère exerce momentanément la puissance paternelle ; elle l'exerce pendant toute la durée de l'interdiction, ou jusqu'à la déclaration d'absence (art. 141) qui donne ouverture à la tutelle. Mais aura-t-elle aussi la jouissance légale ? Il faut, sans hésiter, répondre négativement. L'article 384 est formel : il faut que la mère soit *survivante* pour que cette jouissance lui soit accordée ; elle n'y a aucun droit pendant la vie du père.

M. Marcadé (1) soutient néanmoins la doctrine contraire

(1) De même Massé et Vergé sur Zachariæ, T. 1, p. 370.

avec une grande énergie, et il s'appuie également sur des arguments de texte. Il ne faut pas, dit-il, s'en tenir judaïquement au texte de l'article 384, puisqu'on ne prend pas à la lettre les articles 373 et 389 qui sont tout aussi formels. Ainsi l'article 373 dit : *le père exerce seul cette autorité durant le mariage.* Tout le monde admet qu'en cas d'absence ou d'interdiction, c'est-à-dire même *durant le mariage,* la mère *exerce l'autorité* paternelle. De même l'article 389 dit : *le père est, durant le mariage, administrateur des biens personnels de ses enfants mineurs.* Ici encore tout le monde reconnaît qu'en cas d'absence ou d'interdiction du père, c'est la mère qui administre. Il y a donc contradiction à s'en tenir dans un cas au texte de la loi, et à l'interpréter extensivement dans un autre. De plus, pourquoi priver la mère de l'usufruit légal ? C'est sur elle que va retomber tout le fardeau de la puissance paternelle ; c'est elle qui va prendre soin de la personne et des biens des enfants ; et vous lui refusez un émolument que le législateur a précisément établi comme compensation de ces charges !

Tout cela est fort spécieux ; mais une telle doctrine ne saurait prévaloir.

Remarquons d'abord que l'article 384 est bien plus formel, bien plus explicite que les articles 373 et 389. Il nous montre, avec plus de force, que la dissolution du mariage est une condition essentielle pour que l'usufruit légal appartienne à la mère. Ajoutons que, les arguments de l'opinion adverse fussent-ils décisifs au point de vue de la raison et de la morale, on serait encore étonné de voir des auteurs soulever cette question en présence d'un texte de loi, dont la précision et la clarté défient toute espèce d'argumentation.

Cela dit, trois observations suffiront pour justifier notre système et repousser le système contraire.

1° On est bien obligé de ne pas entendre les articles 373 et 389 dans un sens limitatif, puisque la loi elle-même a parlé et y a dérogé dans l'article 141. Mais nous ne trouvons nulle part un texte qui vienne déroger à l'art. 384 ; nous devons donc l'appliquer tel qu'il est écrit dans le Code ;

2° Pourquoi le père ne continuerait-il pas à jouir des biens de son enfant ? S'il est interdit, nous trouvons aux revenus de ces biens une destination toute naturelle indiquée par l'article 510 : ils serviront à *adoucir son sort et à accélérer sa guérison*. S'il est absent, ces revenus continuent à tomber dans la communauté, et, dans le cas d'un autre régime, rien de plus facile que de les capitaliser et d'en faire emploi jusqu'à la déclaration d'absence ;

3° On nous oppose la maxime : *ubi est onus, ibi emolumentum esse debet;* c'est la mère qui supporte les charges, et on lui refuse l'émolument. D'abord il n'est pas absolument vrai de dire que, tant que la puissance paternelle occasionne des charges, elle produit en même temps un émolument. En effet, une fois que l'enfant a atteint l'âge de dix-huit ans, les charges subsistent (1), l'émolument disparaît. Ensuite il est peu exact de préten-

(1) Nous ne voulons parler ici que des soins de toute nature qu'entraîne l'administration de la personne et des biens de l'enfant ; quant aux frais d'entretien et d'éducation ils seront pris sur sa fortune propre après la cessation de l'usufruit.

dre que la mère n'aura aucun avantage pécuniaire et que sa gestion sera entièrement gratuite. Il faut voir les choses telles qu'elles se passent le plus ordinairement : le plus souvent les époux seront mariés sous le régime de la communauté. Or, sous ce régime, tous les fruits et revenus tombent en communauté (art. 1401) ; la femme en profitera donc absolument comme si elle jouissait personnellement.

Ainsi, dans le cas d'absence ou d'interdiction du mari, la jouissance légale n'appartient pas à la mère, parce que le mariage dure encore. « L'usufruit légal, » dit M. Demolombe, « est un droit propre au père ; et il le con- » serve tant que la loi, qui le lui a concédé, ne le lui » enlève pas. Or aucun texte ne le lui enlève dans le cas » d'interdiction. » Ajoutons : ou d'absence présumée.

Il faut donner la même décision lorsque le mari est déclaré déchu de la puissance paternelle, par exemple, dans le cas des articles 334 et 335 du Code pénal, s'il s'est rendu coupable du délit d'excitation à la débauche sur la personne de ses enfants mineurs (1).

Ici toutefois la question est beaucoup plus délicate ; car ce n'est plus en fait, mais en droit, que le père a perdu la puissance paternelle. C'est une déchéance qui lui est infligée à titre de peine, et il est certain que la

(1) Art. 334.... Si la prostitution ou la corruption a été excitée, favorisée ou facilitée par leurs pères, mères, tuteurs ou autres personnes chargées de leur surveillance, la peine sera de deux ans à cinq ans d'emprisonnement, et de trois cents francs à mille francs d'amende.

Art. 335.... Si le délit a été commis par le père ou la mère,.. le coupable sera de plus privé des droits et avantages à lui accordés sur la personne et les biens de l'enfant par le Code civil, livre 1er, titre IX, *de la puissance paternelle*.

jouissance légale ne peut pas lui être accordée, tandis que rien ne s'y opposait dans l'hypothèse précédente.

Mais l'article 384 est absolu dans ses termes ; le mariage dure encore, la mère n'est pas survivante, elle ne peut donc pas avoir la jouissance.

A qui donc attribuer les revenus, puisqu'ils ne peuvent appartenir ni au père ni à la mère ? à l'enfant, qui devient alors plein propriétaire de ses biens personnels. L'usufruit qu'avait son père s'est éteint, et cette extinction, comme celle de tout autre usufruit, a lieu au profit du propriétaire. Cet usufruit ne s'ouvrira donc, au profit de la mère, qu'à la mort de son mari.

Qu'on ne dise pas que pour punir un coupable on frappe un innocent : il s'agit là, non pas d'un droit, mais d'une faveur que la loi pouvait accorder ou refuser. Elle ne l'a pas accordée à la mère, du vivant du père ; tant que le père vit, la mère n'a rien à réclamer ; son droit n'est nullement violé. Il est beaucoup plus conforme à la loi de faire profiter l'enfant et non la mère de la déchéance du père ; peut-être même y aurait-il quelque chose de choquant à voir le crime et le déshonneur du mari devenir pour la femme une source de gain (1).

Enfin la déchéance du père, édictée par l'article 335, est une disposition pénale ; il faut donc qu'elle soit appliquée et qu'elle frappe réellement le coupable. Si le droit de jouissance passe de la tête du père sur celle de

(1) L'article 730 répond du reste suffisamment à cette objection : dans le cas d'indignité qu'il prévoit, le père, privé de la jouissance légale, est seul coupable ; et cependant le droit de la mère ne s'ouvrira qu'à la dissolution du mariage. Elle est donc atteinte, quoique innocente, par la faute du père.

la mère, il arrivera que la loi sera éludée, la plupart du temps ; la situation ne sera nullement modifiée, et le père continuera à profiter des revenus dont on veut le dépouiller. Il suffit pour cela de supposer que les époux sont mariés sous le régime de la communauté ; car, toujours par application de l'article 1401, ces revenus tombent en communauté et restent par conséquent à la disposition du père. Même sous un autre régime, c'est le mari qui, la plupart du temps, administre les biens de sa femme et en perçoit les revenus. Avec le système contraire l'article 335 devient une lettre morte.

Appliquons donc le texte de la loi tel qu'il se présente à nos yeux, et n'hésitons pas à reconnaître que l'article 384 n'accorde à la mère le droit de jouissance légale que si elle est *survivante*, c'est-à-dire, après la mort de son mari.

Il résulte de ce même article que les père et mère naturels n'ont pas l'usufruit des biens de leurs enfants, même reconnus par eux. C'est un droit réservé à la paternité légitime, et qui ne peut exister que s'il y a mariage entre les parents. Il appartient au père *durant le mariage*, dit l'article 384, et après *la dissolution du mariage*, à la mère ; s'il n'y a pas de mariage, il n'est pas question d'usufruit paternel.

On a cependant soutenu le contraire, et quelques auteurs (en très-petit nombre du reste (1)), voyant dans ce droit une conséquence, une *émanation* de la puissance paternelle, l'accordent aux parents naturels, en vertu de

(1) LOISEAU, *Enf. nat.* p. 550 ; FAVARD DE LANGLADE, Rép. *Enf. nat.* ; SALVIAT, *Usufruit*, T. 2, n° 110.

l'article 383 qui leur attribue les principaux effets de cette puissance. Les obligations du père naturel sont les mêmes que celles du père légitime ; comme lui il doit nourrir, entretenir et élever ses enfants ; pourquoi la même jouissance ne lui serait-elle pas accordée ?

Nous répondons qu'une pareille doctrine viole ouvertement l'article 384. Non seulement la loi n'attribue nullement au père naturel le droit dont nous parlons ; mais il existe une disposition qui le lui refuse expressément.

D'ailleurs c'est ici le cas d'appliquer la maxime : *Nemo ex delicto suo emolumentum consequi debet.* On répond, il est vrai, que cette raison est sans force, puisque la succession de l'enfant naturel, décédé sans postérité, est dévolue aux père et mère qui l'ont reconnu. Cela est vrai ; mais pourquoi ? parce que l'article 765 le décide ainsi, et que tous les raisonnements viennent échouer contre un texte.

Si donc un enfant naturel a des biens personnels, et que le père en ait l'administration, ce qui ne peut arriver que s'il est nommé tuteur (1), il devra rendre compte, à la fin de sa gestion, non seulement du capital, mais des revenus, dont il aura dû faire emploi conformément aux articles 454 et 455. Il est vrai que cet enfant peut être légitimé par le mariage subséquent de ses père et mère ; dans ce cas, toutes les conditions exigées pour l'usufruit

(1) Il est en effet généralement admis que la tutelle légale n'appartient jamais qu'aux parents légitimes, et que le père naturel ne peut être tuteur de son enfant, que si la tutelle lui est déférée par le conseil de famille. La tutelle légale est une exception qui ne peut être étendue, et les articles 390 et suivants ne l'établissent que pour les père et mère légitimes. D'ailleurs il n'y a rien d'étonnant que la loi n'accorde pas la même confiance aux parents naturels qu'aux parents légitimes.

légal se trouvant réunies, ce droit s'ouvrirait au profit du père, mais seulement à partir du mariage, et sans effet rétroactif (art. 333).

Les père et mère étrangers pourraient-ils réclamer ce droit de jouissance ? Ainsi, une française épouse un étranger ; puis elle meurt laissant un enfant à qui est dévolue sa succession. Le père aura-t-il la jouissance des biens de cet enfant ? Si on admet que c'est là un statut réel, concernant la dévolution des biens, l'étranger pourra l'invoquer. Mais cet usufruit, bien qu'il ait une certaine apparence de réalité, est cependant un statut personnel, de même que la puissance paternelle dont il n'est qu'un accessoire (1). Il faudra donc consulter la loi étrangère, et le père étranger ne jouira de ce droit qu'autant qu'il lui sera accordé par la loi de son pays. Nous parlons, bien entendu, d'un étranger pur et simple ; car, si on suppose un étranger autorisé par décret impérial à établir son domicile en France, la question ne peut se présenter (art. 13).

(1) Voyez *Nouveau Denizart, Garde noble*, T. 9, § 2, n° 1 : « Ce pou-
» voir étant une suite d'un droit personnel, serait par là même un droit
» personnel. »

CHAPITRE II.

COMMENT L'USUFRUIT LÉGAL EST-IL DÉFÉRÉ ?

—

Nous avons vu, en étudiant le droit de Garde, que toutes les Coutumes, sans exception, admettaient la maxime : *nul n'est gardien qui ne veut*. La garde n'était imposée à personne ; les Coutumes n'étaient en désaccord que sur la manière dont elle était déférée.

Dans les unes le gardien n'était investi de son droit que par son acceptation : jusque-là il était dans la situation d'un *heres extraneus ;* il devait, pour nous servir d'une expression romaine, *faire adition* de la garde ; il fallait même, à Paris, une acceptation solennelle, *en jugement* (art. 269 de la Coutume).

Dans les autres, la garde est déférée de plein droit (Coutume d'Orléans, art. 23) ; le gardien est saisi de sa jouissance, et il ne peut s'y soustraire que par une renonciation expresse. Ainsi à Paris on n'est pas gardien tant qu'on n'a pas accepté ; à Orléans on est gardien jusqu'à ce qu'on ait renoncé.

Lequel des deux systèmes est celui du Code Napoléon? Le second évidemment : la loi étant muette sur ce point, il faut appliquer le droit commun en matière d'usufruit, et étendre à la jouissance légale les principes de la saisine héréditaire.

L'usufruit légal est donc aujourd'hui déféré de plein droit ; l'usufruitier en est saisi, et il n'est besoin de sa part d'aucune espèce d'acceptation. Aucun texte, en effet, ne le soumet à une formalité de ce genre, et rien ne nous autorise à subordonner l'ouverture de son droit à une condition qui n'est pas écrite dans nos lois. C'est un usufruit *légal* ; c'est par conséquent la loi seule qui en opère la dévolution.

Si l'usufruitier n'est pas forcé d'accepter l'usufruit pour en être investi, il est toujours libre d'y renoncer ; c'est là un mode d'extinction de ce droit dont nous parlerons plus tard.

Mais nous pouvons examiner ici une controverse que soulève ce droit de renonciation. Une fois l'usufruit ouvert, l'usufruitier qui veut s'affranchir des charges qu'il entraîne, peut renoncer à son droit. Cette renonciation pourrait-elle avoir lieu avant l'ouverture de cet usufruit ? Ainsi, deux époux déclarent dans leur contrat de mariage qu'ils renoncent à l'usufruit que la loi leur accorde sur les biens de leurs enfants. Cette renonciation anticipée est-elle valable et pourrait-elle produire quelque effet ?

Nous avons vu que dans le droit coutumier l'affirmative était admise presque sans contestation. Ainsi Ferrière (1) pense que « par une clause expresse portée par

(1) Voyez Ferrière, *Commentaire sur la coutume de Paris*, T. 11, p. 170.

» le contrat de mariage, les futurs conjoints pourraient » convenir que le survivant ne pourrait avoir la garde » de ses enfants. La raison est que cette clause étant au » profit des enfants, elle est favorable.... » Pothier (1) n'hésite pas à donner la même décision, « la jurisprudence ayant rendu les contrats de mariage susceptibles » de toutes conventions ».

Quelques auteurs ont soutenu qu'il faudrait en dire autant sous l'empire du Code. On peut toujours, en effet, renoncer à un droit ; si on admet la renonciation après l'usufruit ouvert, pourquoi en serait-il différemment avant l'ouverture de ce droit ? Il faudrait alors que la renonciation par contrat de mariage fût contraire à l'ordre public ou à un texte de loi.

L'ordre public n'est pas blessé, puisque la puissance paternelle reste intacte, et que cette renonciation est toute dans l'intérêt des enfants. De plus, si on considère, (ce qui nous paraît indiscutable), que l'usufruit légal est une grave dérogation au droit commun de la propriété (voir plus haut, page 11), il faut se montrer favorable pour une clause qui, assurant aux enfants la pleine propriété de leurs biens, est un retour à ce droit commun.

Ce système n'est pas conforme à la loi, et il faut, sans hésiter, déclarer nulle toute renonciation à la jouissance légale, faite par contrat de mariage.

Indépendamment de tout texte, cela est conforme aux principes généraux. Cette renonciation anticipée, cet abandon gratuit d'un droit, constitue au profit des enfants à naître du mariage une véritable libéralité. Or (art.

(1) Voyez Pothier, *Traité de la Garde noble*.

906) elle est faite à un incapable, puisqu'il faut être au moins conçu pour recueillir une libéralité. Il y aurait déjà nullité pour cause d'incapacité dans la personne du donataire.

Remarquons également que la pensée de la loi est qu'une renonciation à un droit n'est possible qu'autant que ce droit est déjà entré dans notre patrimoine. Où en trouver un exemple plus frappant que dans l'article 2220 qui prohibe une renonciation anticipée à la prescription, et ne la tolère qu'autant qu'il s'agit d'une prescription acquise ?

Mais nous avons un texte sur lequel s'appuie positivement notre système, et ce texte c'est l'article 1388. Il défend aux futurs époux de déroger aux droits *qui appartiennent au mari comme chef, ou qui sont conférés au survivant des époux par le titre de la puissance paternelle.*

Or c'est bien *comme chef* que la jouissance légale est attribuée au mari. Pourquoi, en effet, l'accorder plutôt au mari qu'à la femme ? Parce que c'est le mari qui est le chef, et ce droit n'est accordé à la mère qu'après la mort de son mari, parce que tant qu'il y a un chef, c'est lui que la loi en investit.

En second lieu il est impossible de nier que l'usufruit légal soit accordé au survivant par le titre *de la Puissance paternelle:* l'article 384, qui l'établit, est compris dans ce titre. Donc il est certain que les époux ne pourraient y renoncer, en tant qu'il est conféré au survivant; il faudrait alors admettre que la renonciation par contrat de mariage ne comprend que l'usufruit attribué au père pendant le mariage. Cette distinction, que les partisans du système contraire sont pourtant obligés d'admettre, est tellement subtile et illogique, qu'elle est précisément la condamnation de leur doctrine.

L'intention du législateur se manifeste énergiquement dans le sens de notre opinion. Voici les paroles de M. Treilhard, dans la discussion de l'article 1388 : « Cet » article ne parle de la puissance paternelle que pour » défendre les stipulations qui priveraient le père de son » pouvoir sur la personne de ses enfants, *et de l'usufruit* » *de leurs biens* » (1).

L'ancien droit, invoqué par nos adversaires, se retourne contre eux. Pourquoi Pothier admet-il la renonciation à la garde par contrat de mariage ? Voici le motif qu'il en donne : « On peut bien », dit-il, « par un contrat de ma- » riage renoncer à une succession future ; pourquoi les » conjoints ne pourraient-ils pas pareillement renoncer » au droit de garde noble ? » Or l'article 791 décide qu'*on ne peut, même par contrat de mariage, renoncer à la succession d'un homme vivant* (2). Cette possibilité étant la seule raison sur laquelle s'appuie Pothier, du moment qu'elle vient à manquer, tout le système croule avec elle.

(1) V. Locré, T. 13, p. 166.

(2) Voyez également les art. 1130 et 1389.

CHAPITRE III.

QUELS BIENS COMPREND L'USUFRUIT LÉGAL?

L'usufruit légal est un usufruit *universel* ; l'article 384 donne au père (1) le droit de jouissance sans faire aucune réserve ; ce droit comprend donc tous les biens du mineur, que la loi n'a pas formellement exceptés.

Cet usufruit ne peut porter sur un bien qu'autant que ce bien est entré dans le patrimoine de l'enfant. Supposons (et c'est là le cas le plus ordinaire de l'usufruit paternel) que la mère vient de mourir ; elle transmet sa succession à son enfant, et le père, en vertu de l'article 384, a la jouissance des biens qui composent cette succession. Dans cette hypothèse, le père est tuteur, et comme tel soumis à certaines obligations. Il ne peut pas, de son chef et de sa propre autorité, accepter ou répudier cette succession ; il lui faut pour cela l'autorisation du conseil de famille, et encore l'acceptation ne peut-elle

(1) Nous supposerons dorénavant, pour plus de commodité dans le langage, que c'est le père qui est usufruitier légal. Mais ce que nous dirons du père sera applicable à la mère usufruitière, sauf quelques différences que nous aurons soin de signaler quand elles se présenteront.

être pure et simple ; elle ne peut avoir lieu que sous bénéfice d'inventaire. Le père est membre du conseil de famille, et a simplement, comme tout autre, voix délibérative. Si la succession (1) est répudiée, le père n'aura pas l'usufruit ; si elle est acceptée, ce droit s'ouvre pour lui. Mais il a peut-être voté pour la répudiation, dans le sein du conseil ; peu importe : il aura néanmoins la jouissance légale ; c'est en sa qualité de tuteur qu'il a agi en conseillant la renonciation, tandis que la jouissance lui est déférée en sa qualité de père. Ce qu'il a fait *tutorio nomine*, ne peut porter aucun préjudice à ses droits personnels. (Cod. L. 26, *De administratione tutorum*, L. 5, t. 37).

Si, malgré le père, le conseil de famille avait opté pour la répudiation, il lui resterait une ressource, indiquée par l'article 883 du Code de procédure, celle de se pourvoir contre la délibération pour la faire réformer par le tribunal.

La règle générale est donc que tous les biens de l'enfant, de quelque nature qu'ils soient et de quelque source qu'ils proviennent, sont soumis à l'usufruit paternel.

Toutefois certains biens sont exceptés par la loi, qui les a expressément soustraits à la règle. Ainsi l'usufruit paternel ne s'étend pas :

1° Aux biens que l'enfant acquiert par un travail et une industrie séparés (art. 387) ;

2° A ceux qui lui sont donnés ou légués sous la condition expresse que son père n'en jouira pas (art. 387) ;

(1) Il en est de même à l'égard d'une donation (art. 463).

3° Aux biens d'une succession dont le père, qui y était d'abord appelé, a été écarté comme indigne (art. 730);

4° Aux biens compris dans un majorat (avis du Conseil d'Etat du 30 janvier 1811).

Reprenons successivement ces quatre exceptions.

PREMIÈRE EXCEPTION.

BIENS QUE L'ENFANT ACQUIERT PAR UN TRAVAIL ET UNE INDUSTRIE SÉPARÉS.

Le tribun Albisson, dans son discours au Corps législatif, s'exprimait ainsi par rapport à la jouissance légale : « L'encouragement dû au travail et à l'industrie exigeait que cette jouissance ne s'étendit pas aux biens que les enfants pourraient acquérir par un travail et une industrie séparés. »

La disposition de l'article 387, qui soustrait à l'usufruit paternel les biens dont nous parlons, a donc pour but de récompenser les habitudes d'ordre, de travail, de bonne conduite. La loi constitue à l'enfant une sorte de pécule, qui rappelle le *pécule castrense* et *quasi-castrense* du droit romain. Seulement il n'est plus question aujourd'hui de biens acquis à l'occasion du service militaire ou de fonctions publiques ; l'usufruit paternel finissant lorsque le fils a atteint l'âge de dix-huit ans, le cas de semblables acquisitions ne peut guère se présenter. Mais il arrive fréquemment que des jeunes gens mineurs de dix-huit ans exercent une profession industrielle, ou bien sont employés dans des administrations ou des maisons de commerce, et se trouvent ainsi à la tête d'un petit patrimoine. Ce sont les biens acquis de cette manière qui, en vertu de l'article 387, échappent à l'usufruit paternel et appartiennent à l'enfant en toute propriété.

Si le père est privé, sur ces biens, du droit de jouissance, il n'en conserve pas moins son droit d'administration légale (art. 389) ; mais, à la majorité de son fils, il devra compte, non-seulement du capital, mais des revenus.

Cette première exception est loin, du reste, d'avoir une très-grande importance ; elle met en jeu de bien modestes intérêts ; elle ne comprend que les biens acquis par l'enfant avant l'âge de dix-huit ans, c'est-à-dire de très-modiques sommes d'argent. De plus, les frais occasionnés par la nourriture et l'entretien du mineur seront pris sur les biens ainsi acquis ; car les parents ne sont obligés de pourvoir aux besoins de leurs enfants qu'autant que ceux-ci ne peuvent se suffire à eux-mêmes : l'obligation alimentaire cesse (art. 209) aussitôt que *celui qui reçoit les aliments n'en a plus besoin* (1). C'est donc uniquement ce qui reste, une fois les frais payés, qui forme l'objet de la première partie de l'article 387 ; ce sont là les biens soustraits à l'usufruit paternel, et pour lesquels le père, conservant sa qualité d'administrateur légal, sera comptable même des revenus.

La disposition de l'article 387 s'applique aux biens que l'enfant a acquis par un travail et une industrie *séparés.* Que veut dire la loi par cette expression *séparés ?* Est-il nécessaire que le fils soit « *hors de la communion du père* » (Proud'hon, *Usufruit)* ? Certainement non ; et il nous importe peu, en cette matière, que le fils demeure avec

(1) V. Dig. loi 5, § 7, *De agnoscendis et alendis liberis*, l. 25, T. 3.

son père ou qu'il ait une habitation distincte. S'il en était ainsi, et si l'on exigeait cette dernière condition, il y aurait contradiction dans le système de la loi, et cette première exception serait illusoire, puisque le mineur non émancipé ne peut avoir d'autre domicile que celui de son père ou tuteur (art. 108). Ce que la loi exige, c'est que l'industrie de l'enfant soit indépendante de celle du père, que son travail soit *séparé* de celui de son père ; c'est seulement dans ce cas que son gain est réglementé par la disposition que nous étudions.

Ainsi le père est artisan ; son fils va travailler au dehors, en qualité d'ouvrier ou de domestique ; ce que ce dernier gagne de cette manière échappe à l'usufruit légal. Il en est de même si le fils travaille chez son père, pourvu qu'il ait une industrie différente. Le mot *séparé* a donc ici exactement le même sens que dans l'article 214 qui suppose le cas où la femme fait un commerce *séparé*, distinct, indépendant de celui de son mari ; nous retrouvons la même idée dans l'article 387.

Quelle a été la pensée du législateur ? La voici : si l'enfant n'applique son travail, son industrie, son talent qu'au commerce, aux affaires, aux intérêts de son père, il ne peut être pour lui question d'aucun gain. Le fils ne pourrait exiger de ses parents aucun salaire pour ses soins et peines : si les parents sont obligés d'élever l'enfant, celui-ci doit leur rendre tous les services qui sont en son pouvoir. Le législateur ne pouvait donc prévoir que le cas où le fils travaille pour un autre que son père et reçoit en récompense une indemnité, un salaire ; c'est, en effet, celui-là qu'il a prévu et réglé.

M. Demolombe critique assez vivement cette disposition, qu'il considère comme injuste, parce qu'elle peut créer, dit-il, une inégalité entre les enfants d'un même père. Un négociant a deux fils ; il emploie l'un comme commis dans son magasin, tandis que l'autre est clerc de notaire. Le premier n'a rien à réclamer de son père ; le second, au contraire, gagne pour son propre compte la pleine propriété de ses appointements. Cela est vrai ; mais le danger est peu sérieux à cause de la minime importance des intérêts engagés. L'enfant ne pouvant amasser, de cette manière, que des sommes presque insignifiantes, l'inégalité que redoute M. Demolombe sera, la plupart du temps, à peine sensible. Dans tous les cas, il faut s'en rapporter à l'équité et à l'affection du père qui voudra récompenser son fils des soins qu'il lui aura rendus, et tâchera ainsi d'empêcher toute inégalité de situation entre ses enfants.

Il ne s'agit, dans cette première exception, que des biens acquis par un *travail* ou une *industrie ;* ce que l'enfant aura gagné en dehors de ces deux modes d'acquisition rentre dans la règle commune et est soumis à l'usufruit légal. Rappelons-nous, en effet, que le but de la loi est uniquement de donner un encouragement aux habitudes de travail, et que les expressions de l'art. 387 sont essentiellement limitatives.

Cet article ne s'appliquerait donc pas :

1° Aux gains résultant de *jeux* ou de *paris* (art. 1965) ;

2° Au *trésor* découvert par le fils.

Il n'y a là ni travail ni industrie, car le jeu ne fait supposer ni l'un ni l'autre, et le trésor n'existe qu'autant qu'il est découvert *par le pur effet du hasard* (art. 716). C'est un don de la fortune, qui est soumis à l'usufruit paternel, parce qu'on ne peut le ranger dans la classe des biens qui en sont affranchis. Il faudrait donner cette décision, quand même le trésor aurait été trouvé dans un fonds dont les parents n'auraient pas la jouissance légale. Cela peut paraître bizarre, et cependant rien n'est plus vrai : le trésor n'est ni une partie, ni un accessoire, ni un fruit de l'immeuble ; et l'on ne peut s'étonner qu'il ne soit pas régi par les mêmes règles. Quel que soit le fonds dans lequel il a été découvert ; que ce soit l'enfant qui l'ait trouvé dans son propre fonds ou dans celui d'autrui ; que ce soit un étranger qui l'ait trouvé dans le fonds de l'enfant, le trésor reste toujours un simple *donum fortunæ*, assujetti au droit commun, et par conséquent à l'usufruit légal.

DEUXIÈME EXCEPTION.

BIENS DONNÉS OU LÉGUÉS A L'ENFANT SOUS LA CONDITION EXPRESSE QUE LE PÈRE OU LA MÈRE N'EN JOUIRONT PAS.

Rien n'est plus sage que cette disposition. Si la loi n'eût pas permis à un donateur de priver le père de la jouissance des biens dont il veut gratifier l'enfant, il serait arrivé le plus souvent que ce donateur, animé peut-être contre le père de justes sentiments de défiance ou d'animosité, se fût abstenu de toute espèce de libéralité en faveur de l'enfant, plutôt que de voir le père en profiter.

Le droit romain regardait déjà comme licite une condition de cette nature, insérée dans un testament. Le

Code a consacré la même doctrine dans l'intérêt de l'enfant, vers lequel elle attire les libéralités, en laissant au disposant la plus grande liberté.

La loi veut seulement que la volonté du donateur soit certaine et manifeste, et elle exige que la condition soit *expresse*. Il ne faut pas toutefois prendre cette prescription à la lettre : il n'est besoin, dans ce cas, d'aucune formule sacramentelle ; il suffit que la volonté du disposant résulte clairement, soit d'une clause spéciale, soit de l'ensemble des clauses de la libéralité (1). Dans le doute, la condition devrait être rejetée, et il faudrait admettre l'usufruit légal (M. Demolombe, T. 6, nº 507 ; Zachariœ, § 550 *bis*).

Mais quand peut-on dire que la prohibition d'usufruit légal résulte clairement de l'acte ? Supposons que le testateur lègue la moitié de sa fortune au père, et l'autre moitié au fils. Cette assignation de parts égales n'est-elle pas la manifestation la plus évidente de la volonté du disposant ? N'est-il pas clair que, dans sa pensée, le père ne doit pas avoir une part plus considérable que le fils ? Et cependant, c'est ce qui va arriver si nous accordons au père la jouissance de la part de l'enfant. Dirons-nous qu'une semblable disposition équivaut à une clause expresse ? Non certainement, et il faut admettre, en pareil cas, le droit de jouissance du père. Ce droit est indépendant de la libéralité et dérive uniquement de la puissance paternelle. Ce n'est pas comme légataire, ce n'est pas en vertu du testament que le père aura l'usufruit

(1) La prohibition d'usufruit légal peut résulter, par exemple, de ce que le disposant a indiqué l'emploi qui devra être fait des fruits et revenus du bien par lui donné ou légué à l'enfant (M. Demolombe).

des biens légués à son enfant ; c'est comme père et en cette seule qualité. Le testateur avait le pouvoir de le priver de cet usufruit ; il ne l'a pas fait ; le droit paternel reste donc intact.

Le bien donné ou légué à l'enfant peut être un droit d'usufruit ou une rente viagère. Faut-il voir dans une libéralité de cette nature la volonté non équivoque de priver le père de la jouissance légale ? Il semble, en effet, qu'il y ait là une disposition dont le caractère exclut ce droit de jouissance. Le legs consiste, non pas dans un capital, mais dans des fruits ou des arrérages ; puisque le testateur les a légués à l'enfant, il a voulu, par là même, les retirer au père. Or, si nous admettons, en pareil cas, l'usufruit paternel, ces fruits ou arrérages seront perçus uniquement par le père, en vertu de l'art. 588, et la libéralité ne procurera pour le moment au fils aucune espèce d'émolument. Il faut néanmoins le décider ainsi : le droit de jouissance accordé au père comprend tous les biens de son enfant, biens corporels et incorporels ; il comprend donc aussi une rente viagère ou un usufruit. Notre législation ne considère pas les arrérages d'une rente viagère comme des parties d'un capital qui va s'amoindrissant peu à peu ; elle les considère comme de simples fruits de la rente, et l'article 588 décide que : « l'usufruit d'une rente viagère donne à l'usufruitier, pendant la durée de son usufruit, le droit d'en percevoir les arrérages, sans être tenu à aucune restitution. » L'article 1568 contient une disposition analogue pour l'usufruit d'un usufruit. Le père usufruitier légal percevra donc pour son compte tous ces fruits et arrérages ; le testateur, n'ayant pas prohibé la jouissance, est censé avoir voulu soumettre sa disposition à la règle du droit commun.

Ici se présente une difficulté très-sérieuse, une controverse très-délicate dont c'est le moment d'aborder l'examen. La prohibition de l'usufruit peut-elle porter, non-seulement sur la quotité disponible, mais encore sur les biens dont l'enfant est héritier réservataire ? Ainsi, le père fait un testament dans lequel il lègue tous ses biens à son fils, à condition que sa mère n'en aura pas la jouissance. Cette condition est certainement valable pour la quotité disponible, que le père aurait pu léguer à un étranger, et qui, provenant uniquement de sa libéralité, peut être affectée d'une condition. Mais l'enfant a une réserve qui, dans l'espèce, est de moitié (art. 913) ; la volonté du père devra-t-elle être respectée, même en ce qui concerne la réserve, c'est-à-dire cette portion que la loi assure à l'enfant, et dont le père ne peut le dépouiller ? Telle est la question que nous allons examiner. C'est incontestablement la plus grave que nous trouvions dans notre matière, et les deux systèmes opposés s'appuient l'un et l'autre sur des considérations si puissantes, sur l'autorité de jurisconsultes si éminents, qu'on n'ose en adopter un qu'avec une certaine hésitation.

La première opinion, celle qui admet que la condition prohibitive de la jouissance légale peut porter aussi bien sur la réserve que sur la quotité disponible, compte parmi ses partisans MM. Bugnet, Duvergier (1), Demante (2).

---

(1) Duvergier, sur *Toullier*, T. 2, nº 1067.

(2) Demante, T. 2, nº 153.

Voici comment raisonnent ces savants jurisconsultes :

La réserve est établie par la loi dans l'intérêt de l'enfant ; et on ne doit considérer comme y portant atteinte que les résultats qui pourraient amoindrir l'émolument du réservataire. Or, dans notre espèce, la disposition, loin de l'amoindrir, augmente précisément cet émolument, puisqu'elle donne à l'enfant la pleine propriété des biens dont il ne serait, d'après le droit commun, que nu-propriétaire. Ce serait donc vouloir retourner contre lui une institution établie directement dans son intérêt, que d'annuler la disposition testamentaire en ce qui touche la réserve : et c'est le cas de faire une nouvelle application de la célèbre maxime : *Quod in favorem alicujus introductum est non debet contra ipsum retorqueri.*

On ne peut donc pas dire qu'il y ait là violation de la réserve. D'ailleurs, même en le supposant ainsi, où est la sanction ? Uniquement dans une action en réduction dirigée contre un légataire ou donataire des biens réservés, et qui a pour but de faire rentrer dans les mains du réservataire les biens dont il a été dépouillé au mépris des dispositions de la loi. Cette action ne peut se concevoir dans notre hypothèse ; puisque ces biens sont entre les mains du réservataire, contre qui intentera-t-il son action ? quel sera le défendeur ? Pourquoi se plaindrait-il d'une disposition qui, non-seulement laisse son droit intact, mais encore lui procure un avantage considérable ? Il est difficile de comprendre comment il serait tenté d'en demander la nullité.

Voilà à coup sûr un système logique, facile à saisir, très-pratique, et qui nous séduit par sa simplicité même.

Il se présente soutenu par une argumentation sans aridité, et paraît conforme en tous points à la lettre et à l'esprit de la loi. Toutefois il s'en faut de beaucoup qu'il soit adopté par toute la doctrine, et l'opinion contraire a également de nombreux et redoutables partisans. Comme cette question est une des plus importantes que nous ayons à traiter dans notre sujet, nous devons, pour être complet, exposer avec quelque détail le second système, dont voici à peu près toute la théorie :

L'enfant tient sa réserve de la loi seule, et non de la libéralité de son père ; c'est pour lui, dit M. Vernet, une acquisition *ex lege*, et on ne peut comprendre comment le père mettrait une condition quelconque à une libéralité qui ne vient pas de lui (1). Pour affecter d'une condition une libéralité, il faut, avant tout, être donateur ; et, dans l'espèce, il n'y a point d'autre donateur que le législateur ; lui seul a le droit d'attacher une condition à l'attribution de la portion réservée, et cette condition est précisément le droit de jouissance de l'époux survivant. On ne trouve pas autre chose dans l'article 387 ; l'usufruit légal est la règle ; cet article autorise, il est vrai, la condition prohibitive pour les biens *donnés ou légués* ; mais la réserve n'est ni *donnée* ni *léguée*, et la prohibition ne saurait s'y appliquer.

On a, il est vrai, soutenu que la réserve peut être l'objet d'une libéralité, quand cette libéralité est fait au réserva-

(1) Le droit romain décidait déjà que le *de cujus* ne pouvait grever la légitime d'aucune charge, d'aucune condition : *Si conditionibus quibusdam vel dilationibus aut aliqua dispositione moram vel modum vel aliud gravamen introducente.. ipsa conditio vel dilatio vel alia dispositio moram vel quodcumque onus introducens tollatur* (L. 32, Cod. *de inoff. testamento*).

taire lui-même : la réserve est, dit-on, instituée pour empêcher que certains biens passent en des mains étrangères et soient ravis à un héritier que la loi protège. Elle se comprend donc si, en présence d'un héritier à réserve, il y a un donataire étranger. Mais si c'est le réservataire lui-même qui est seul donataire, alors la réserve n'a plus de raison d'être ; elle n'existe plus.

Voilà précisément ce qu'il faudrait démontrer ; et un pareil raisonnement est tout au moins arbitraire.

On ne peut concevoir le don ou le legs des biens réservés ; et ce serait une singulière prétention que celle de vouloir donner à ses héritiers *ab intestat* ce dont on ne peut les dépouiller. Le mot *réserve* est employé dans la loi par opposition au mot *quotité disponible* ; la réserve est donc la *quotité indisponible*. Les ascendants peuvent disposer à leur gré de leur portion disponible ; quant à la réserve, ils ne peuvent en faire l'objet d'aucune disposition. Quoi de plus probant, dans ce sens, que l'article 581 du Code de procédure, qui ne permet de déclarer insaisissables que les sommes ou objets *disponibles*. Les ascendants n'ont qu'un seul droit sur la réserve, celui de la *partager* (art. 1075 et suiv.) ; et encore leur impose-t-on à cet égard les règles les plus sévères. Il faudrait même leur appliquer l'article 832 qui prescrit de mettre dans chaque lot la même quantité de meubles, d'immeubles, etc. Voilà le seul droit des ascendants ; et cette théorie des *partages d'ascendants* prouve que la réserve ne peut jamais, en aucun cas, devenir disponible entre les mains du père.

Si on admet que la réserve est attribuée par la loi,

qu'il y a là une acquisition *ex lege* dans toute la force du terme, il faut bien admettre que les biens qui la composent « doivent entrer dans le patrimoine d'un héritier » réservataire avec toutes les conséquences que la loi » attache à une semblable acquisition, et que l'on doit » regarder comme nulle toute disposition du défunt par » laquelle il aurait voulu régler les conséquences de » cette entrée des biens réservés dans le patrimoine de » l'héritier » (1). Il n'y a que la loi qui puisse régler les effets de cette acquisition ; elle l'a fait dans l'article 384, en déclarant les biens de l'enfant soumis à l'usufrit paternel.

L'autre système aboutit sur ce point à une étrange conséquence : il respecte la condition imposée par quelqu'un qui n'est pas donateur, et néglige, au contraire, la condition imposée par le véritable donateur qui, dans l'espèce, est la loi.

On objecte ceci : la réserve est une institution établie dans l'intérêt de l'enfant ; et vous retournez contre lui un avantage qui lui est fait !

Pas du tout : la seule chose que l'enfant puisse exiger, c'est d'avoir sa réserve intacte. Or elle est aussi intacte que possible, c'est-à-dire telle que la lui donne le législateur, qui la grève de la jouissance légale. L'enfant pourrait-il faire ce singulier raisonnement : je n'ai pas ma réserve entière, et mon droit est violé, attendu que ma mère a l'usufruit de mes biens ? C'est absolument comme si je voulais prétendre que mon droit de propriété n'est pas intact parce que l'article 671 me défend de planter.

(1) M. VERNET, *traité de la quotité disponible*, p. 467.

des arbres à moins de deux mètres de distance du fonds voisin. Quand on est soumis au droit commun, on ne peut se prétendre lésé ; et ici, le droit commun c'est l'usufruit légal.

L'autre argument de la première opinion est plus spécieux. Par quel moyen, nous dit-on, voulez-vous effacer la condition prohibitive, en tant qu'elle porte sur la réserve ? Par une action en réduction ? mais elle est impossible en pareil cas, et le réservataire n'a aucun intérêt à l'intenter, puisqu'elle ne tendrait qu'à diminuer son émolument : il se gardera donc de demander la réduction.

Cela est vrai : aussi n'est-ce pas l'enfant qui attaquera la disposition (1), mais la mère, en sa qualité d'*ayant cause* de l'enfant et en vertu de l'article 921. Cet article dit que la réduction pourra être demandée par le réservataire, ses héritiers ou *ayant cause*. La mère est ici un ayant cause de son enfant ; et c'est là une qualité qu'il est impossible de lui contester. Elle n'a son usufruit que parce que l'enfant a des biens : au moment où les biens sont entrés dans le patrimoine de l'enfant, la mère en a acquis immédiatement l'usufruit ; elle est donc un ayant cause *ex lege*, et elle a le droit d'intenter l'action en réduction toutes les fois qu'elle a intérêt à le faire (2).

---

(1) M. Demolombe suppose que l'enfant intentera lui-même l'action en réduction, parce qu'il peut y avoir intérêt : c'est là une hypothèse peu vraisemblable.

(2) Sic DEMOLOMBE, T. 6, p. 406 ; VERNET, *quotité disponible*, p. 467, CASS., 11 nov. 1828 ; TOULLIER, T. 2, n° 1067 ; DELVINCOURT, T. 1, p. 93, note 6 ; DURANTON, T. 8, n° 376 ; ZACHARIÆ, T. 4, p. 609 ; MARCADÉ, T. 2, art. 387 ; PROUD'HON, T. 2, p. 263, et *Usufruit*, T. 1, p. 182 ; ALLEMAND, *du Mariage*, T. 2, n° 1121 ; VALETTE, L. 1er du Code Nap., p. 216.

Tels sont les deux systèmes que cette question fait naître ; et si le premier est moins subtil, plus simple et plus pratique, on ne peut se refuser à reconnaître que le second a pour lui des arguments bien puissants au point de vue théorique.

La prohibition de l'usufruit légal peut frapper le père ou la mère indistinctement, ou l'un d'eux seulement. Si c'est le père qui est privé de cette jouissance, le droit de la mère s'ouvrira après la mort de son mari. Si c'est la mère, le père jouira pendant sa vie des biens de son enfant, mais le droit ne s'ouvrira pas au profit de la mère.

TROISIÈME EXCEPTION.

BIENS D'UNE SUCCESSION DONT LE PÈRE A ÉTÉ ÉCARTÉ COMME INDIGNE.

L'article 730 contient la disposition suivante : « Les enfants de l'indigne, venant à la succession de leur chef, et sans le secours de la représentation, ne sont pas exclus par la faute de leur père (1) ; *mais celui-ci ne peut, en aucun cas, réclamer sur les biens de cette succession l'usufruit que la loi accorde aux père et mère sur les biens de leurs enfants* ». Cette disposition était nécessaire pour que les effets de l'indignité fussent assurés d'une manière complète : comme l'indigne ne doit retirer aucun avantage de la succession qui lui est enlevée, la loi lui retire même le droit de jouissance légale sur les biens de cette hérédité.

(1) Ceci s'appliquerait également à la mère : les derniers mots de l'article nous indiquent que les droits des enfants sont les mêmes, quand c'est la mère qui s'est rendue indigne.

Si c'est la mère qui s'est rendue indigne, le père n'en a pas moins l'usufruit légal, car il ne doit pas souffrir de la faute d'autrui. De même si c'est le père qui est frappé d'indignité, la mère aura le droit de jouissance, mais seulement après la mort de son mari. C'est une application du principe que nous avons exposé plus haut, d'après lequel le droit de la mère ne peut jamais s'ouvrir qu'à la dissolution du mariage, c'est-à-dire à la mort du père.

Mais il peut arriver que la mère, seule héritière, soit déclarée indigne, et que le père soit condamné comme son complice : aura-t-il néanmoins l'usufruit des biens de la succession recueillie par ses enfants (1) ? On pourrait soutenir l'affirmative en disant : il faut être héritier pour être indigne, et on ne peut être déclaré indigne d'une succession à laquelle on n'est pas appelé. Or la déchéance de l'usufruit n'est qu'une conséquence de l'indignité ; le père, n'étant pas indigne, conserve donc cet usufruit. Mais ce système est contraire à l'esprit de l'article 730 ; et le législateur, dit M. Demolombe, a voulu que celui des père et mère, indistinctement, qui, à raison des biens de la succession, aurait commis un des faits pouvant entraîner une déclaration d'indignité, fût privé de l'usufruit de ces biens. (Demolombe, T. 6, p. 413 ; Proud'hon, *Usufruit*, T. 1, p. 155 ; Zachariæ, T. 4, p. 610.)

Faudrait-il appliquer la disposition de l'article 730 au cas de renonciation à la succession de la part du père?

---

(1) La même question se présenterait si c'était le père qui fût seul héritier et que la mère fût condamnée comme sa complice ; dans ce cas, aurait-elle, après lui, l'usufruit des biens de la succession ?

Pourrait-on dire que le père, ayant renoncé à la succession, a par là même renoncé à l'usufruit des biens qui la composent et qui sont dévolus à ses enfants ? Certainement non : il ne s'agit pas là d'indignité, mais de renonciation, et l'article ne parle que d'indignité. De plus, le père a renoncé à tous ses droits sur la succession comme héritier ; mais il n'a pas renoncé comme père à son droit d'usufruit sur tous les biens de ses enfants.

Enfin que décider dans le cas d'une donation entre vifs, faite par le père à son enfant ? Le père aura-t-il la jouissance des biens compris dans cette donation ? Le cas est assez bizarre, mais il peut se présenter. On ne peut, sans aucun doute, priver le père de l'usufruit des biens par lui donnés, à moins qu'il ne résulte clairement, de l'acte de donation, qu'il a renoncé à ce droit. S'il n'en est pas ainsi, les biens de l'enfant, même ceux donnés par son père, rentrent dans la règle commune.

QUATRIÈME EXCEPTION.

BIENS COMPRIS DANS UN MAJORAT.

Un avis du Conseil d'État du 30 janvier 1811 a soustrait à la jouissance légale des père et mère les biens compris dans un majorat (1). Ceci n'a plus beaucoup d'intérêt : la loi des 17 janvier, 30 avril et 7 mai 1849 (2), en interprétant l'article 2 de celle du 12 mai 1835, a déclaré (art. 1er) que les majorats de biens particuliers qui

(1) Un majorat se compose de biens destinés à être transmis de mâle en mâle, à l'aîné de la famille.

(2) Cette loi fut rendue sur le rapport de M. Valette.

auraient été transmis à deux degrés successifs, à partir du premier titulaire, seraient abolis, et que les biens composant ces majorats demeureraient libres entre les mains de ceux qui s'en trouveraient investis. Il en subsiste donc fort peu aujourd'hui.

CHAPITRE IV.

DROITS DE L'USUFRUITIER LÉGAL.

Quelle est la nature de ce droit d'usufruit légal ? Quels sont les pouvoirs du père usufruitier ? Faut-il lui appliquer toutes les règles de l'usufruit ordinaire ?

Pour résoudre ces questions, il nous faut deviner la pensée de la loi d'après les principes généraux ; car notre titre est muet sur cette partie importante de notre sujet.

L'usufruitier légal a évidemment, comme un usufruitier ordinaire, le droit d'user et de jouir, c'est-à-dire de se servir des biens et de percevoir à son profit tous les fruits et revenus. La définition de l'article 578 lui est parfaitement applicable. Quant à la nature même de ce droit et à l'étendue des pouvoirs du père, l'usufruit légal se sépare de l'usufruit ordinaire, et chacune de ces deux institutions est régie par des règles différentes.

Proud'hon voit dans l'usufruit paternel un véritable usufruit, et il admet que cet usufruit confère les mêmes droits que l'usufruit ordinaire (1). C'est là un principe qu'il est dangereux de formuler d'une manière aussi absolue.

Dans l'exactitude juridique des termes, il n'y a pas, dans le droit paternel, un usufruit proprement dit, en ce sens qu'il n'y a pas un véritable droit réel : c'est simplement une dispense de compte entre le père et l'enfant (voir plus haut page 82). La loi n'a pas osé grever la propriété de l'enfant d'un droit réel d'usufruit. Ce qu'elle veut, c'est que le père se charge des dépenses d'entretien et d'éducation de son enfant, en compensation desquelles les revenus des biens de ce dernier lui sont attribués. Nous en trouvons la preuve dans loi des 20 septembre, 6 octobre 1791 (addition à l'art. 2 de la loi du 19 décembre 1790), où nous voyons qu'en matière d'usufruit paternel, il n'est pas dû de droit de mutation : « les pères qui viendront à l'administration et jouissance, » que quelques coutumes leur donnent, des biens appartenant aux enfants mineurs non émancipés, en vertu » de la simple puissance paternelle, *ne devront aucun* » *droit.* »

Aussi serait-il plus exact de qualifier ce droit de *jouissance légale* et non pas d'*usufruit légal ;* et, en effet, les articles 384 et suivants emploient l'expression *jouissance légale.* La loi ne parle d'usufruit légal que dans des articles étrangers à notre titre, dans les articles 389, 601, 730, parce que c'est effectivement une espèce particulière d'usufruit.

On agite la question de savoir si l'usufruit paternel peut

(1) Voy. son *Traité de l'Usufruit,* T. 1, § 125.

être aliéné. Comme conséquence des observations précédentes, nous adopterons, sans hésiter, la négative (1). L'usufruit paternel n'est pas un véritable droit réel, faisant partie du patrimoine du père, comme tout autre usufruit. C'est un émolument, un accessoire de la puissance paternelle, et, pas plus que cette puissance, il ne peut être aliéné. Comment le père administrerait-il (art. 389) des biens dont il aurait vendu la jouissance à un tiers ? Ce tiers pourrait s'opposer aux moindres actes de conservation ou d'amélioration, et réduirait à néant l'administration légale du père. De plus il y a des charges imposées à cette jouissance qui n'existe que déduction faite de certaines dépenses. On comprend que le cessionnaire de ce droit acquitte les frais funéraires ou paie les intérêts des capitaux ; mais comment supportera-t-il les frais d'entretien et d'éducation des enfants ? Ce sont là des dépenses dont le montant est indéterminé, et que le législateur abandonne à l'appréciation du père, en l'affection duquel il doit se confier. Il n'en est pas ainsi pour un étranger qui, obligé de faire tous les frais, se trouvera sans cesse en désaccord avec le père, et voudra restreindre le plus possible les dépenses dont nous parlons. De là des difficultés sans nombre, des embarras insurmontables, qui rendent l'aliénation de la jouissance du père tout-à-fait impraticable. Ajoutons que ce serait un singulier droit qu'aurait acheté le cessionnaire : d'abord cet usufruit est soumis à de nombreuses chances d'extinction, telles que la mort du propriétaire, ce qui n'a pas lieu pour l'usufruit ordinaire ; de plus, le père reste tou-

(1) *Contrà*, PROUD'HON, *Usufruit*, T. 1, nos 125 et 221 ; DUVERGIER, *de la Vente*, T. 1, no 213.

jours libre d'émanciper son enfant et de mettre ainsi un terme à cette jouissance ; de sorte que le tiers acquéreur serait constamment à sa discrétion (1).

De même que l'usufruit légal ne peut pas être aliéné, de même il ne peut être ni hypothéqué, ni saisi par les créanciers du père. Nous ne parlons, bien entendu, que du droit lui-même, qui nous paraît, de sa nature, insaisissable. Quant aux fruits et revenus, une fois entrés dans le patrimoine du père, ils deviennent le gage commun de tous ses créanciers. Ceux-ci ont donc le droit de faire des saisies-arrêts entre les mains des locataires et fermiers, de pratiquer des saisies-exécutions sur les fruits coupés, ou des saisies-brandons sur les fruits pendant par branches ou par racines. Et encore la jouissance légale n'existant que déduction faite des charges, ils ne peuvent avoir plus de droits que leur débiteur, et ne pourraient saisir que l'excédant des revenus sur ces charges ; ils feront déterminer par le tribunal en quoi consiste cet excédant.

Les droits du père usufruitier légal diffèrent, sous un autre rapport, de ceux d'un usufruitier ordinaire. Supposons qu'il s'agisse de choses qui, sans se consommer immédiatement, se détériorent peu à peu par l'usage, comme du linge, des vêtements, des meubles meublants, chevaux, voitures, etc.... En pareil cas, un usufruitier ordinaire a le droit (art. 589) « de se servir de ces cho- » ses pour l'usage auquel elles sont destinées, et n'est

(1) En ce sens MM. BUGNET ; DEMOLOMBE, T. 6, § 527 ; DEMANTE, T. 2, p. 194 ; VALETTE sur Proud'hon, T. 2, p. 267 ; enfin MM. AUBRY et RAU sur *Zachariæ*, T. 4, p. 618, note 25, qui déclarent rejeter l'opinion contraire, qu'ils avaient admise dans leurs précédentes éditions.

» obligé de les rendre, à la fin de l'usufruit, *que dans l'é-*
» *tat où elles se trouvent*, non détériorées par son dol ou
» par sa faute. »

En est-il de même de l'usufruit légal ? Lisons d'abord l'article 453 :

« Les père et mère, tant qu'ils ont la jouissance propre
» et légale des biens du mineur, sont dispensés de ven-
» dre les meubles, *s'ils préfèrent les garder pour les re-*
» *mettre en nature.*

» Dans ce cas, ils en feront faire à leurs frais une es-
» timation à juste valeur par un expert qui sera nommé
» par le subrogé tuteur, et qui prêtera serment devant le
» juge de paix. Ils rendront la valeur estimative de ceux
» des meubles qu'ils ne pourraient représenter en nature. »

Le père n'est donc pas forcé, comme le tuteur, de vendre tous les meubles du mineur, autres que ceux que le conseil de famille l'a autorisé à conserver en nature (art. 452) ; il est libre de les vendre ou de les garder.

Si le père a pris ce dernier parti, et s'est décidé à conserver en nature le mobilier de son fils, lui appliquerons-nous la disposition de l'article 589, et dirons-nous qu'il pourra se contenter, à la fin de son usufruit, de rendre les meubles dans l'état où ils se trouveront à cette époque, pourvu que les détériorations ne proviennent ni de son dol, ni de sa faute ?

On l'a soutenu, toujours en vertu de ce raisonnement que nous avons repoussé, et qui veut assimiler l'usufruit légal à l'usufruit ordinaire. On a ajouté que c'est là une conséquence forcée de toute espèce de jouissance. En effet, celui qui a le droit de jouir ne peut être responsable des détériorations qui proviennent du fait seul de sa jouissance ; sinon, comment exercerait-il son droit (1) ?

Il est impossible que ce système soit celui du Code, qui autrement consacrerait une véritable iniquité. Lorsqu'on laisse à quelqu'un une alternative, un choix à faire entre deux partis, c'est qu'ordinairement les chances sont égales d'un côté comme de l'autre, et que les deux situations qui sont offertes sont à peu près équivalentes. Or ici, ce serait une singulière alternative que celle offerte au père par l'article 453. S'il vend les meubles du mineur, il doit capitaliser et employer le produit de la vente, et n'a droit qu'aux revenus ; le capital reste intact et sera remis au mineur à la cessation de l'usufruit. Si, au contraire, il garde le mobilier en nature, il lui est permis d'en jouir, à son aise, de le détériorer même par l'usage qu'il en fait ; pourvu que les détériorations ne proviennent que du fait même de sa jouissance, et non pas de son dol ou de sa faute, il ne sera tenu de rendre ces meubles que dans l'état où ils se trouveront, c'est-à-dire peut-être dans un tel état de vétusté et de délabrement, que leur valeur sera absolument nulle. Si c'est là ce qu'a voulu dire la loi, le père ne sera pas embarrassé de faire son choix, et il prendra, sans hésiter, le second parti, qui lui offre tant d'avantages.

Voilà la conséquence du premier système : suivant que le père aura vendu ou conservé le mobilier, le droit de l'enfant se trouvera plus tard intact ou anéanti. Cette considération suffirait à elle seule pour le faire rejeter.

(1) Sic VALETTE sur Proud'hon, T. 2, p. 374, note 6, et livre 1 du Code, p. 244 ; DEMANTE, T. 2, n° 211 bis III.

Mais nous ne trouvons nullement, dans l'article 453, que le père *remettra les biens dans l'état où ils se trouveront ;* ce membre de phrase n'existe que dans les articles 589, 950, 1063, 1566, qui parlent de l'usufruit ordinaire. L'article 453 dit seulement que les père et mère qui, au lieu de faire vendre les meubles, ont préféré les conserver, sont tenus *de les remettre en nature.* Nous ne trouvons pas autre chose, et il est tout-à-fait arbitraire d'appliquer l'article 589 à l'usufruit paternel.

En pareille matière il nous faut consulter le droit coutumier, puisque la majorité des dispositions de la loi sur l'usufruit légal sont prises dans la garde noble et bourgeoise. Or voici ce que dit Bourjon : « La jouissance du » gardien embrasse les meubles appartenant au mineur, » mais comme *sa jouissance ne doit pas diminuer le fonds,* » il est obligé de faire la vente des meubles, et *la jouis-* » *sance se réduit à jouir du prix d'iceux* (1) ». Ainsi le mobilier du mineur constitue, dans tous les cas, un capital qui doit lui être remis intact, et le droit du gardien ne peut jamais absorber que les revenus. Il en est de même du père usufruitier, et le système de la loi est évidemment celui-ci : d'après la règle générale, les meubles des mineurs devraient être vendus (art. 452) ; et si la vente avait lieu, l'enfant ne courrait aucun risque, ni de dégradation, ni de perte, par cas fortuit ou autrement ; au contraire, ces meubles stériles et périssables seraient convertis en capital productif et permanent. Les parents sont, il est vrai, autorisés à ne pas les vendre, s'ils préfèrent les garder ; mais ils n'y sont autorisés qu'à

(1) BOURJON, *Droit coutumier de la France*, T. 1, p. 888.

cette condition, que le droit de l'enfant, que le fonds, le capital même de son droit ne sera pas compromis (M. Demolombe).

En conséquence, que le père vende les meubles ou qu'il les conserve en nature, leur valeur constitue un capital qui devra être restitué à l'enfant dans toute son intégrité (1.) L'article 453 dit que le père *remettra les meubles en nature ;* Cela signifie, dit M. Bugnet, « qu'il devra les » rendre *dans l'état où il les a pris ;* sinon il en paiera » l'estimation : l'usufruit paternel est, en effet, une fa- » veur accordée par la loi, qui a bien le droit d'y mettre » des conditions ; elle a agi sagement en ne permettant » pas au père de ne rendre que des débris sans valeur, et » de faire ainsi tout perdre au mineur, capital et intérêts ».

(1) En ce sens, M. Bugnet, *Cours de Code civil ;* Demolombe, T. 6, § 524 ; Zachariæ, Aubry et Rau, T. 1, p. 451, et T. 4, p. 617 ; Proud'hon, *Usufruit*, T. 5, n° 2640. —

CHAPITRE V.

CHARGES IMPOSÉES A L'USUFRUITIER LÉGAL (1).

Ici nous retrouvons les règles que nous avons exposées sur la garde noble et bourgeoise ; les charges de l'usufruitier légal sont à peu près les mêmes que celles imposées au gardien par le droit coutumier, et l'article 385 est pour ainsi dire calqué sur l'article 267 de la Coutume de Paris. Comparons, en effet, ces deux articles :

Article 267 de la Coutume de Paris : « le gardien.... a » l'administration.... à la charge de payer et acquitter les » dettes et arrérages des rentes que doivent lesdits mi» neurs, les nourrir, alimenter et entretenir selon leur » état et qualité, payer et acquitter les charges annuelles » que doivent lesdits héritages, et iceux héritages entre» tenir de toutes réparations viagères, et enfin desdites » gardes rendre lesdits héritages en bon état ».

(1) Voir sur cette matière un remarquable article publié par M. Frédéric Duranton dans la *Revue historique de droit français et étranger*, année 1858, p. 147.

Voici maintenant le texte de l'article 385 du Code Napoléon, qui énumère les charges de l'usufruit paternel :

« Les charges de cette jouissance seront :

» 1° Celles auxquelles sont tenus tous les usufruitiers ;

» 2° La nourriture, l'entretien et l'éducation des en-
» fants, selon leur fortune ;

» 3° Le paiement des arrérages ou intérêts des capi-
» taux ;

» 4° Les frais funéraires et ceux de dernière maladie ».

Cette analogie de rédaction a son importance ; car elle nous montre que, pour tout ce qui concerne ces charges, c'est dans les dispositions coutumières que nous devons chercher la véritable pensée du législateur moderne.

Reprenons, pour les étudier en détail, chacune de ces différentes obligations.

§ I. — Charges imposées à tous les usufruitiers.

M. Demolombe fait remarquer avec beaucoup de raison que, ce premier numéro de l'article imposant à l'usufruit paternel les charges ordinaires de l'usufruit, il faudra, pour donner un sens aux numéros suivants, y voir des charges spéciales qui ne pèsent pas sur l'usufruit ordinaire, et affectent seulement l'usufruit paternel. Nous reconnaîtrons sous peu toute la portée de cette observation.

Toute la section II du titre de l'Usufruit (art. 600-617) s'applique donc au père usufruitier légal. Nous nous contenterons d'énumérer les diverses obligations contenues en cette section, dont notre travail ne comporte pas un examen approfondi :

1° Faire un *inventaire* des meubles et un état des immeubles sujets à l'usufruit.

2° Donner *caution* : c'est là une obligation dont le père usufruitier est dispensé par l'article 601 : « les père et » mère ayant l'usufruit légal du bien de leurs enfants ne » sont pas tenus de donner caution ». Cette dispense de caution est fondée sur le caractère même de l'usufruitier ; la loi a pensé que l'affection paternelle était une garantie suffisante, et qu'il eût été malséant d'exiger du père une caution, obligation toujours entachée d'une certaine défiance. Nous pouvons rapprocher de cet article 601 la disposition analogue de la loi du 3 mai 1841 sur l'expropriation pour cause d'utilité publique, dont l'article 39 contient la même dispense.

Malgré cette dispense de caution, il faut admettre que, si les biens de l'enfant étaient en péril, on pourrait exiger du père certaines garanties, et s'adresser aux tribunaux pour que, par exemple, la possession des biens fût enlevée à l'usufruitier. La loi n'a pas voulu que l'enfant fût toujours à la merci de son père, et se trouvât dans l'impossibilité de veiller à la conservation de son patrimoine compromis par la négligence et l'inconduite de celui à qui il serait confié. Il doit avoir la faculté de prendre, s'il y a lieu, des mesures conservatoires (1).

3° Jouir en bon père de famille et conserver la substance de la chose (578, 601) ; c'est là la principale obligation de l'usufruitier ; elle exprime quelle est l'étendue et la limite de son droit.

(1) Ceci, au reste, est conforme à l'ancien droit (V. *Nouveau Denisart*, T. 9, *Garde noble*, § 11, n° 3).

4° Acquitter toutes les charges annuelles telles que les contributions, les arrérages de rentes, les intérêts des capitaux, les pensions alimentaires ou viagères, et généralement toutes les dépenses périodiques qu'un bon administrateur prélève sur ses revenus, (art. 608, 610, 612).

5° Faire les réparations d'entretien (art. 605).

6° Payer les frais des procès concernant la jouissance (art. 613).

Toutes ces dépenses ne tombent à la charge du père qu'autant qu'elles grèvent les biens dont il a effectivement l'usufruit ; il n'est pas tenu d'acquitter les charges annuelles des fonds dont l'enfant aurait *la pleine* propriété.

§ 2. — La nourriture, l'entretien et l'éducation des enfants, selon leur fortune.

Cette disposition ne fait-elle pas double emploi avec celle de l'article 203 qui impose aux époux, par le fait seul du mariage, l'obligation de nourrir, entretenir et élever leurs enfants ? Puisque c'est là une dépense qui pèse sur les parents indépendamment de l'usufruit légal, il était inutile d'en faire une charge particulière de cet usufruit. Qu'importe à l'enfant que ce soit comme père ou comme usufruitier que son auteur soit obligé de pourvoir à ses besoins ?

Il n'y a pas double emploi, et les deux dispositions, identiques en apparence, sont cependant distinctes et ont chacune leur raison d'être.

L'obligation édictée par l'article 203 a pour cause la

paternité ; elle dérive de la loi naturelle en vertu de laquelle tout être vivant doit pourvoir à l'alimentation des enfants qu'il a mis au monde. Aussi cette obligation est proportionnée à la fortune des père et mère ; la dette alimentaire, en effet, n'existe que *dans la proportion de la fortune de celui qui doit les aliments* (art. 208).

Au contraire l'obligation dont parle l'article 385 n'a pas son principe dans la dette alimentaire ; elle a pour cause l'usufruit légal lui-même, qui n'existe, que déduction faite de différentes charges, et ne s'exerce que sur l'excédant des revenus sur les dépenses. Aussi la loi dit-elle expressément que cette obligation est proportionnée à la fortune personnelle des enfants, et non à celle des parents : les enfants seront élevés, dit l'article 385, *selon leur fortune.* Et il en devait être ainsi : les enfants peuvent avoir des biens considérables soumis à l'usufruit paternel, tandis que les parents n'ont qu'une fortune assez modeste. Il ne faut pas, dans une semblable situation, que l'éducation des enfants soit incomplète ou mesquine, et en disproportion avec leur position pécuniaire.

La charge de l'éducation des enfants, résultant de l'article 203, pèse avant tout sur leur fortune propre ; et les parents ne sont tenus de pourvoir à leur entretien, que s'ils n'ont aucun patrimoine personnel. Si donc les enfants ont des biens personnels, les dépenses d'entretien se prélèveront d'abord sur ces biens. Mais cette proposition n'est plus vraie, s'il s'agit de l'article 385 § 2 ; le texte en est absolu, et l'usufruitier légal doit payer tous les frais d'entretien, quand même les enfants auraient des biens personnels non compris dans cet usufruit.

Ce n'est pas là, du reste, du droit nouveau ; car nous trouvons exactement la même règle dans le droit coutumier. Voici comment s'exprime Pothier : « quoique le » gardien noble ne jouisse pas des biens de ses mineurs, » qui sont situés en des lieux régis par des lois qui ne » lui donnent pas cette jouissance, l'émolument de la » garde qu'il a dans les lieux régis par notre coutume » ne laisse pas de l'obliger, *pour le total*, aux frais de » l'entretien du mineur, et aux autres charges de la garde, » et non pas seulement au prorata des biens dont il jouit, » comme l'a mal décidé Renusson ; car ce n'est que sous » ces charges que la coutume lui défère l'émolument de » la garde » (1).

M. Demolombe signale deux autres différences entre les deux articles :

1° En vertu de l'article 203, le père et la mère sont tous deux également tenus des frais d'entretien et d'éducation. Au contraire, en vertu de l'article 385, l'usufruitier légal en est seul tenu, du moins tant que les biens des enfants y suffisent ; et l'époux non usufruitier se trouve ainsi libéré, en tout ou en partie, de l'obligation que lui impose l'article 203.

2° En vertu de l'article 203, les enfants ne sauraient empêcher les créanciers personnels de leurs parents de saisir et faire vendre les biens de leurs débiteurs. Au contraire les saisies faites par ces créanciers ne peuvent frapper, d'après l'article 385, les revenus des biens de l'enfant, que déduction faite de la portion nécessaire à son entretien et à son éducation. Il s'agit ici, en effet,

(1) Pothier, *Coutume d'Orléans*, Introduction au titre des Fiefs, n° 347.

de *charges réelles*, qui affectent le droit d'usufruit lui-même (1).

Il est une dernière différence que nous n'avons trouvée dans aucun auteur, et que nous devons mentionner parce qu'elle nous paraît incontestable.

L'article 203 dit que les époux *contractent ensemble* l'obligation d'élever leurs enfants ; il y a là un contrat, c'est-à-dire une obligation réciproque qui les lie l'un envers l'autre, et chacun d'eux peut demander à l'autre, *en son nom personnel*, l'exécution de cette convention. Rien de pareil dans l'article 385 ; et, si nous considérons le père uniquement comme usufruitier légal, il nous faut dire, sans hésiter, que la mère n'aurait pas qualité pour actionner son mari.

§ 3. — Le paiement des arrérages ou intérêts des capitaux (2).

Il faut supposer que l'enfant a recueilli une succession grevée de dettes, soit de dettes exigibles produisant des *intérêts*, soit de dettes inexigibles produisant des *arrérages*. Le père, qui a la jouissance de l'actif de cette succession, doit aussi, par compensation, supporter le

---

(1) Conf. MM. Demolombe, T. 6, § 542 ; Proud'hon, *Usufruit*, T. 1, n° 185-188 ; Zachariæ, Aubry et Rau, T. 4, p. 611 ; Valette sur Proud'hon, T. 2, p. 256 ; Marcadé, T. 2, art. 385, n° 2 ; Vazeille, *du Mariage*, T. 2, n° 460. —

(2) Les *intérêts* sont des prestations périodiques faites par le débiteur d'un capital en compensation de la jouissance que lui procure ce capital. Les *arrérages* sont aussi des intérêts. On dit seulement qu'il y a lieu à arrérages quand le capital n'est pas exigible, par exemple, s'il s'agit d'une rente. Les arrérages sont donc les *intérêts des capitaux inexigibles*.

paiement des arrérages et intérêts : de même qu'il a la *jouissance active*, de même il doit avoir, si l'on peut s'exprimer ainsi, la *jouissance passive*. C'est là un principe que nous trouvons maintes fois reproduit dans le Code, et qui n'est que l'application de cette vieille maxime : *Quem sequuntur commoda, eumdem sequi debent et incommoda.*

Est-ce bien là tout ce que veut dire notre paragraphe ? S'il en est ainsi, il est tout-à-fait inutile, et contient la répétition du § 1er qui impose au père toutes les charges usufructuaires. Nous trouvons dans l'article 612 que tout usufruitier universel (et le droit de jouissance légale est un usufruit universel), doit payer les arrérages de rentes ou intérêts de capitaux ; tout était donc dit dans le § 1er de l'article, et le § 3 contient une disposition sans objet, une redondance. Or, d'après l'article 1157, on ne doit pas entendre une disposition de la loi dans un sens qui ne lui ferait produire aucun effet ; et, en vertu de cette règle d'interprétation, nous devons chercher un autre sens à ce paragraphe dont les expressions sont, d'ailleurs, aussi vagues que possible.

De quels arrérages ou intérêts s'agit-il donc ? Il faut évidemment appliquer ce § 3 aux arrérages et intérêts échus avant l'ouverture de la succession, qui sont arriérés et capitalisés. Nous n'avons pour cela qu'à supposer que la personne dont la succession est échue à l'enfant était grevée de dettes produisant des intérêts ; elle n'a pas payé ces intérêts, ou du moins ne les a pas payés exactement, de sorte que la totalité ou une partie s'est capitalisée et était due avant l'ouverture de la succession. Ces intérêts arriérés ne sont pas, en droit commun, à la charge de l'usufruitier ; mais, en vertu de l'article 385, l'usufruitier légal devra les payer.

Cette manière d'interpréter la disposition de cet article n'a rien d'arbitraire ; elle a d'abord le mérite de donner un sens à la loi qui n'en aurait pas sans cela ; en outre, elle est conforme aux principes du droit coutumier en matière de garde noble et bourgeoise, et nous savons que c'est dans le droit coutumier que nous devons toujours chercher la pensée du législateur dans notre matière. Le gardien, en effet, devenait à l'origine propriétaire des meubles et devait, par suite, payer toutes les dettes mobilières. Plus tard, on lui retira partout, excepté dans la Coutume d'Orléans (art. 25), la propriété des meubles ; mais (ce qui pourtant n'avait plus de raison d'être) il continua d'être obligé de payer les dettes mobilières. Seulement, par suite de certaines restrictions (1), cette obligation se réduisait à peu près au paiement des intérêts arriérés. C'est cette obligation que, par souvenir de l'ancien droit, le Code veut mettre à la charge de l'usufruitier légal. Et il n'y a aucune injustice à cela ; car, dit M. Bugnet, « la loi, en attribuant au père et à la mère » l'usufruit des biens de leurs enfants mineurs, leur accorde un véritable avantage : elle peut y imposer des » charges. Il est libre au père d'accepter cette libéralité en » se soumettant aux charges, ou d'y renoncer : *volenti* » *non fit injuria* » (2).

Cette interprétation est admise par le plus grand nom-

(1) Voir POTHIER, *Traité de la Garde noble et bourgeoise*, sect. III, § 5.
(2) M BUGNET sur Pothier, T. 6, p. 523

bre des auteurs (1) ; mais elle a trouvé des contradicteurs, et, entre autres, M. Fr. Duranton. Ce savant professeur a soutenu, dans la *Revue historique* (1858 p. 147), que l'article 385 § 3 ne mettait à la charge des père et mère que les arrérages et intérêts dûs pour le temps de leur jouissance, c'est-à-dire, simplement les charges usufructuaires que nous trouvons déjà dans le § 1er combiné avec l'article 612 (2).

M. Duranton raisonne ainsi :

1o Il n'est pas juste que le père, qui n'a pas eu les revenus perçus à l'époque antérieure à sa jouissance, soit obligé de payer les arrérages et intérêts qui étaient les charges de ces mêmes revenus. D'après le droit commun, l'usufruitier universel ne doit supporter que les charges correspondantes au temps de sa jouissance.

2o Il n'y a rien à conclure de la disposition de l'ancien droit, fondée sur ce que ces arrérages formaient une dette mobilière, et que le gardien devait acquitter les dettes mobilières de la succession du prédécédé. Sous le code, les père et mère ne sont plus obligés de payer les dettes de la succession échue à l'enfant, et la conséquence nécessaire est qu'ils ne sont plus tenus de ces arrérages arriérés.

3o L'argument tiré du texte a peu de valeur ; combien

(1) MM. Bugnet ; Demolombe, T. 6, no 548 ; Valette sur Proud'hon, T. 2, p. 256 ; Zachariæ, Aubry et Rau, T. 4, p. 612 ; Marcadé, T. 2, art. 385, no 3 ; Demangeat, *Revue de Droit français et étranger*, 1845, p. 660, note 2 ; Demante, T. 11, no 130 bis, etc., etc.

(2) En ce sens, MM. Duranton, T. 3, no 401 ; Rolland de Villargues, *Usufruit légal*, no 35 ; Taulier, T. 1er, p. 502 ; Chardon, *Puissance paternelle*, p. 150 ; Arret de Lyon, 16 février 1835.

de fois la loi, après avoir posé un principe général, n'en a-t-elle pas formulé inutilement des conséquences particulières ?

Toutes ces raisons, quelque graves qu'elles puissent être, ne suffisent pas pour nous convaincre ; et nous préférons le premier système, plus conforme à l'ancien droit, et qui nous paraît être la véritable pensée du législateur.

Le motif de cette disposition est évidemment celui-ci : il est vrai que ces intérêts arriérés sont devenus un capital ; néanmoins un bon administrateur paierait ces dettes, non pas sur le capital, mais sur les revenus ; le père, qui a la jouissance légale, doit agir ainsi.

§ 4. — Les frais funéraires et ceux de dernière maladie.

M. Delvincourt a prétendu qu'il s'agissait là des frais funéraires et de dernière maladie de l'enfant lui-même, s'il vient à mourir pendant la durée de la jouissance légale (1). Rien n'est plus arbitraire et en même temps moins juridique qu'un pareil système.

Pourquoi le père, usufruitier légal, paierait-il, en cette qualité, les frais funéraires de son enfant ? Ces frais constituent une dette de la succession de l'enfant ; ils sont donc à la charge de ses héritiers ; et le père, héritier pour partie, les supportera partiellement.

Quant aux frais de dernière maladie de l'enfant, ils sont, il est vrai, à la charge de l'usufruitier légal, comme ceux de toute autre maladie, et en vertu, non pas du § 4,

(1) DELVINCOURT, T. 1, p. 93, note 4 ; TOULLIER, T. 1, p. 503.

mais du § 2 de notre article 385. M. Duranton fait même remarquer que, dans l'opinion de M. Delvincourt, la disposition de la loi serait plus qu'inutile, elle serait inexacte : en effet, il en résulterait que les père et mère ne doivent en frais de maladie que ceux de la dernière, ce qui est inadmissible, les père et mère devant supporter les frais de toutes les maladies éprouvées par l'enfant durant la jouissance légale (1).

Il faut donc trouver un autre sens à notre paragraphe ; il s'agit évidemment des frais funéraires et de dernière maladie de la personne qui est décédée en laissant sa fortune à l'enfant. Les rédacteurs du Code n'ont fait, sur ce point, que reproduire la doctrine de l'ancien droit : *le gardien*, dit Pothier, *doit acquitter ses mineurs des frais funéraires du prédécédé* (2). Quant aux frais de dernière maladie du *de cujus*, il n'y avait pas de doute possible, puisque le gardien devait payer toutes les dettes mobilières. D'ailleurs ce sont là des frais ordinairement peu considérables, et qu'il serait convenable et prudent, dans l'intérêt des minenrs, de prélever sur les revenus des biens (3).

Pothier décide que « le gardien étant tenu des frais » funéraires, la gardienne doit confondre ce qui lui est » dû pour son deuil ; car le deuil de la veuve fait partie

---

(1) V. *Revue historique*, 1858, p. 151.

(2) La question avait cependant fait doute ; mais elle était universellement résolue en ce sens. V. POTHIER, *Intr. au titre des fiefs*, cout. d'Orléans, n° 341.

(3) Sic MM. Bugnet, Demolombe, T. 6, n° 547 ; PROUD'HON, *Usufruit*, T. 1, n° 210 ; ZACHARIÆ, AUBRY et RAU, T. 4, p. 612 ; VALETTE sur Proud'hon. T. 2, p. 259, etc. —

» des frais funéraires du défunt » (1). Faut-il en dire autant aujourd'hui, et déciderons-nous que les frais de deuil de la veuve du *de cujus* sont compris dans l'expression *frais funéraires ?* M. Demolombe le pense ainsi, et cette décision étant conforme à l'ancien droit, il est peu probable que les rédacteurs du code aient innové en cette matière. De plus c'est une dépense d'une importance si minime, qu'elle doit être prise sur les revenus et non sur le capital (2). La mère, usufruitière légale de la succession paternelle recueillie par ses enfants, ne pourra donc rien réclamer pour les frais de deuil que la loi lui accorde dans les art. 1481 et 1570. Ces frais étant une charge imposée à sa jouissance, elle se trouve à la fois débitrice et créancière ; il y a confusion.

Ici nous terminons l'examen des charges de l'usufruit paternel. Il est certain que le père, étant obligé à l'accomplissement de ces différentes charges, pourrait être poursuivi directement par les créanciers. Mais l'enfant, en sa qualité d'héritier et de propriétaire, reste toujours débiteur envers ces créanciers. Il n'y a pas novation, parce qu'aucun texte ne la prononce ; et ce principe existait déjà en matière de garde, à la différence de ce qui avait lieu, à l'origine, pour le bail (3). Aussi le père n'est-il tenu, en quelque sorte, qu'au nom de l'enfant, et seulement comme détenteur des biens ; il peut donc opposer aux créanciers tous les moyens de défense que l'enfant

(1) V. Pothier, *Garde noble*, sect. 3, § 6.

(2) MM. Demolombe, T. 6, § 548 ; Proud'hon, *Usufruit*, T. 1, n° 212, Zachariæ, Aubry et Rau, T. 4, p. 612 ; etc.

(3) V. Demangeat, *Etude sur le Droit de bail*, p. 660 ; Proud'hon, *Usufruit*, T. 1, n° 218 ; Demolombe, T. 6, n° 550. —

pourrait faire valoir; il pourrait même, en abandonnant son droit d'usufruit, se soustraire aux poursuites des créanciers, sauf règlement avec son fils, s'il arrivait que ce dernier fût poursuivi pour une dette que le père eût dû acquitter (M. Demolombe).

CHAPITRE VI.

COMMENT FINIT L'USUFRUIT LÉGAL ?

Parmi les Modes d'extinction de l'usufruit légal, nous en trouvons six qui lui sont spéciaux et ne sauraient être appliqués à l'usufruit ordinaire. Ce sont les suivants :

1° La dix-huitième année accomplie de l'enfant (art. 384) ;

2° Son émancipation, expresse ou tacite (art. 384) ;

3° Sa mort ;

4° La condamnation du père ou de la mère, dans le cas prévu par les articles 334 et 335 du Code pénal ;

5° Le second mariage de la mère usufruitière (art. 386) ;

6° Le défaut d'inventaire de la part de l'époux survivant, en cas de communauté (art. 1442).

L'usufruit légal s'éteint, en outre, par les mêmes causes que l'usufruit ordinaire. Il en est cependant qui, de leur nature, lui sont inapplicables.

Ainsi : 1° l'article 617 parle du non usage pendant trente années ; ce mode d'extinction est évidemment étranger à l'usufruit paternel dont la durée ne peut jamais dépasser dix-huit ans.

2° Il en est de même de la perte totale de la chose, qui ne s'applique pas à un usufruit universel : *genera non pereunt.*

3° Quant à la *consolidation*, elle se présentera si rarement en matière d'usufruit légal, que nous pouvons considérer ce mode d'extinction comme lui étant inapplicable. Le motif en est dans la disposition de l'article 450 qui défend au tuteur d'acheter les biens du pupille ; la consolidation, c'est-à-dire la réunion, sur la même tête, des deux qualités d'usufruitier et de propriétaire, n'aura donc lieu que dans des cas extrêmement rares.

Ces différentes causes d'extinction étant écartées, nous n'en trouvons plus que trois qui puissent s'appliquer à l'usufruit paternel :

1° La mort de l'usufruitier (art. 617) ;

2° Sa renonciation à son droit ;

3° L'abus de jouissance (art. 618).

Il y a donc neuf Modes d'extinction de l'usufruit légal, que nous allons étudier successivement avec quelque détail.

§ I. — Dix-huitième année accomplie de l'enfant.

Pourquoi l'âge de dix-huit ans accomplis met-il un terme à la jouissance légale, puisque la puissance paternelle, avec tous ses soins et tous ses devoirs, se prolonge jusqu'à la majorité de l'enfant, c'est-à-dire pendant trois années ?

Cette disposition se justifie par d'excellentes raisons :

1° La loi n'a pas voulu que l'enfant, arrivé à sa majorité, se trouvât réduit à ses capitaux, qu'il serait peut-être dans la nécessité d'entamer ; elle a pensé qu'il était bon que l'enfant eût à ce moment quelques avances provenant d'économies faites sur ses revenus.

2° Cet âge de dix-huit ans est précisément celui auquel le mineur peut être autorisé à faire le commerce (C. com. art. 2). Mais il faut pour cela qu'il soit émancipé ; et l'on n'a pas voulu que le père pût hésiter à émanciper son enfant, par la crainte de perdre son droit de jouissance.

3° Les hommes peuvent se marier à l'âge de dix-huit ans (art. 144) ; or le mariage émancipe de plein droit (art. 476), et fait par conséquent cesser l'usufruit paternel. Il était à craindre que le père, par des motifs d'intérêt pécuniaire, et pour garder sa jouissance, refusât son consentement (1) à un mariage avantageux. Le législateur a voulu éviter, à tout prix, de placer les parents entre leur affection et leur intérêt ; et, pour ne pas laisser la conclusion d'un mariage convenable à la merci de personnes intéressées à s'y opposer, il a fait finir la jouissance légale à une époque avant laquelle ce mariage ne pouvait avoir lieu (2). On objectera peut-être que les femmes peuvent se marier à quinze ans et que la concor-

(1) Remarquons, en effet, que chez nous le consentement des père et mère, en matière de mariage, ne peut pas être suppléé par l'autorisation de la justice.

(2) Voici les paroles de M. Réal (exposé des motifs au Corps législatif) : « Si les pères jouissaient des biens de leurs enfants jusqu'à la majorité de » ces derniers, on aurait à craindre que, pour se conserver cet avantage » dans toute son étendue, ils ne se refusassent à consentir à une émanci- » pation ou à un mariage dont pourraient dépendre le bonheur et la for- » tune de leurs enfants. »

dance n'est pas parfaite. Mais la loi a pensé qu'il n'y avait aucun inconvénient à ce qu'elles attendissent l'âge de dix-huit ans pour contracter mariage.

Ce motif était celui de l'ancien droit ; la garde bourgeoise finissait à quatorze ans pour les mâles, à douze ans pour les filles, c'est-à-dire à l'âge où un mariage était possible (1).

§ II. — Emancipation expresse ou tacite (2) de l'enfant.

La loi a été logique en faisant cesser l'usufruit légal par l'émancipation ; puisque c'est là un attribut, un accessoire de la puissance paternelle, il ne peut exister qu'autant que cette puissance elle-même existe : *corruente principali, corruat et accessorium*. D'ailleurs, si on admet (et c'est évidemment la pensée du législateur) que l'usufruit paternel est destiné à compenser les soins et sacrifices que nécessitent l'entretien et l'éducation d'un enfant, il

(1) Nous retrouvons même cette idée dans la garde seigneuriale : le seigneur, qui avait à la fois la garde de la personne et celle du fief, avait le droit de consentir au mariage de l'héritier mineur et même de lui choisir un époux. Toutefois ce droit du seigneur gardien souffrait une restriction lorsque c'était une fille qui était en garde. En effet, comme le mariage de cette héritière mineure avec un majeur avait pour résultat de mettre fin à la garde, le seigneur gardien aurait presque toujours refusé son consentement à ce mariage afin de prolonger la durée de sa jouissance. Mais la coutume avait voulu obvier à cette mauvaise volonté du gardien, et nous lisons dans l'art. 231 : « *Si le seigneur étant requis contredit mariage ou refuse de donner son conseil et licence, il peut être appelé en justice pour en dire les causes, et après la permission de justice, la fille aura délivrance de son fief.* » (M. DEMANGEAT, *Etude sur le Droit de Garde.*)

(2) L'émancipation tacite résulte du mariage (art. 476).

doit y avoir toujours corrélation entre ces charges et l'émolument qui les accompagne. La puissance paternelle cessant par l'émancipation, ces charges n'existent plus ; l'émolument doit donc disparaître (1).

Mais l'émancipation n'est pas définitive ; elle peut être révoquée si le mineur use mal de l'indépendance qui lui a été accordée (art. 485). Dans ce cas le mineur rentre en tutelle ou en puissance paternelle, et y reste nécessairement jusqu'à sa majorité accomplie (art. 486). Si l'enfant, après avoir été émancipé, est privé du bénéfice de l'émancipation, la jouissance légale renaîtra-t-elle de même que la puissance paternelle ?

Nous le pensons ainsi, bien que cette solution ne soit pas généralement admise. Elle résulte, à notre avis, des principes que nous venons d'exposer. L'usufruit légal a pour cause la puissance paternelle, et l'on comprend qu'il n'existe pas quand cette puissance a cessé. Mais lorsque la puissance paternelle renaît, pourquoi ne renaîtrait-il pas également ? Par le retrait de l'émancipation, l'enfant est replacé dans la même situation que si cette émancipation n'avait jamais eu lieu ; dès ce moment, la puissance paternelle existe dans toute sa force et avec tous ses attributs et accessoires au nombre desquels est l'usufruit légal. Elle revit avec ses devoirs et ses charges ; elle doit revivre avec ses avantages et ses émoluments.

La jouissance légale, dit l'article 384, existe sur les biens des enfants *jusqu'à l'âge de dix-huit ans accomplis, ou jusqu'à l'émancipation* : Dans notre hypothèse, l'en-

(1) Sur la question de savoir si les créanciers du père pourraient attaquer l'émancipation, voir plus bas.

fant n'a pas dix-huit ans ; il n'est pas émancipé ; toutes les conditions d'existence de cette jouissance se trouvant réunies, elle doit exister.

Nous ne trouvons dans aucun texte que l'usufruit *ait été éteint* par l'émancipation. L'article 384 dit seulement qu'*il dure jusqu'à l'émancipation ;* et les expressions de la loi indiquent que l'émancipation est un obstacle à la jouissance légale, plutôt qu'une extinction de ce droit. L'obstacle a disparu ; rien ne s'oppose à l'existence de l'usufruit.

Craindra-t-on que le père révoque cette émancipation dans le seul but de ressaisir précisément cette jouissance qu'il a perdue ? D'abord le fils n'est pas complètement à la merci du père, puisque l'émancipation ne peut lui être retirée que *si ses engagements ont été judiciairement réduits*. De plus, il faut avoir confiance dans l'affection paternelle, qui guidera le père dans sa manière d'agir ; cette confiance est d'autant plus méritée, que c'est volontairement qu'il s'est dépouillé de son usufruit en émancipant son enfant.

Rien n'est plus faux que de dire que le père a renoncé tacitement à l'usufruit en émancipant son fils. Ce n'est pas à l'usufruit qu'il a renoncé ; c'est à la puissance paternelle qui lui est aujourd'hui rendue. S'il résulte de diverses circonstances que cette renonciation a eu lieu effectivement, les tribunaux sont là pour le déclarer. Mais il est impossible de voir dans le fait seul de l'émancipation une renonciation à cet usufruit (1).

---

(1) De même nous avons dit plus haut que l'on ne devait pas voir une renonciation tacite à la jouissance légale dans une donation faite par le père à son enfant.

Il ne faut pas trop non plus se prévaloir de ce que la révocation de l'émancipation a pour but unique l'intérêt de l'enfant, car les termes de l'art. 485 prouvent qu'elle a aussi un certain caractère de correction (1).

Cette opinion toutefois compte peu de partisans, et le système contraire, qui déclare l'usufruit légal définitivement éteint par l'émancipation, est plus généralement enseigné (2).

§ III. — Mort de l'enfant.

La jouissance légale cesse évidemment à la mort de l'enfant ; la nature même de ce droit le veut ainsi. C'est, en effet, sur les biens de l'enfant, et comme compensation à l'exercice de la puissance paternelle, qu'il est établi. Or, après le décès de l'enfant, il n'y a plus de puissance paternelle, et les biens ne sont plus les biens de l'enfant. Il y a, en vertu du principe de la saisine héréditaire, dévolution instantanée des biens à ses héritiers ; et la jouissance des père et mère ne peut plus s'exercer. Il n'était donc pas besoin de faire de ce mode d'extinction une disposition particulière. Il en était ainsi dans le droit coutumier, en matière de Garde (3). Ce trait de ressemblance est une preuve de plus de l'analogie qui existe entre notre usufruit paternel et cette institution coutumière.

---

(1) En ce sens, DEMOLOMBE, T. 6, § 555 ; AUBRY et RAU sur Zachariæ, T. 1, p. 269, note 3, et T. 3, p. 685, note 23.

(2) Voir TOULLIER, T. 2, n° 1303 ; DURANTON, T. 3, n° 396 ; MARCADÉ, T. 2, art. 485, n° 7 ; DEMANTE, T. 2, n° 129 bis.

(3) La Garde finit par la mort du mineur : POTHIER, *Introd. au Titre des fiefs*, n° 343.

Ce mode d'extinction nous montre bien que l'usufruit légal n'est pas un véritable usufruit, mais un droit d'une nature toute spéciale. La mort du nu-propriétaire ne change rien, en matière d'usufruit ordinaire, à la situation de l'usufruitier ; c'est seulement son propre décès qui met fin à son droit. Aussi, en droit romain où l'usufruit du *pécule adventice* était un véritable usufruit, la mort du fils n'avait aucune influence sur le droit de son père qui continuait de jouir du pécule jusqu'à son propre décès.

L'article 620 paraît, au premier abord, contraire à la théorie que nous venons d'exposer : « L'usufruit accordé jusqu'à ce qu'un tiers ait atteint un âge fixé » dure jusqu'à cette époque, encore que le tiers soit mort » avant l'âge fixé. » On pourrait en conclure que le droit du père doit continuer à s'exercer jusqu'au moment où le fils aurait atteint l'âge de dix-huit ans. Mais cet article est évidemment inapplicable en matière d'usufruit légal : l'enfant n'est pas un *tiers*, puisqu'il est le propriétaire même des biens grevés d'usufruit. Le cas prévu par l'art. 620 est celui où, dans l'intention du testateur, l'usufruit légué doit avoir une durée déterminée. Or l'âge de dix-huit ans, indiqué comme terme de l'usufruit paternel, n'est nullement un terme *fixe* dans le sens de cet article. Il serait puéril d'insister sur ce point, et tout le monde reconnaît sans hésitation que la mort de l'enfant met fin au droit de jouissance.

Nous en trouverions, du reste, une preuve dans l'article 754 qui, lorsque l'enfant vient à décéder sans postérité, attribue au père ou à la mère l'usufruit (et c'est là un véritable usufruit) du tiers des biens auxquels ils ne succèdent pas en propriété, et qui sont dévolus aux collatéraux de l'autre ligne (1).

§ IV. — Condamnation du père ou de la mère dans le cas prévu par les art. 334 et 335 du Code Pénal.

Ces articles prévoient le cas où les parents se sont rendus coupables du délit d'excitation à la débauche sur la personne de leurs enfants. La loi prononce alors, outre l'emprisonnement et l'amende, une peine particulière, la déchéance de la puissance paternelle et de l'usufruit légal (2).

Il résulte des termes de l'article 335 que la déchéance prononcée par cet article n'est encourue que par rapport à l'enfant victime du délit. Il parle des droits et avantages accordés sur la personne et les biens *de l'enfant*, et a certainement en vue l'enfant victime du délit. Les père et mère conservent donc l'usufruit légal sur les biens de leurs autres enfants (3). Quelques auteurs ont néanmoins soutenu que le droit de jouissance cessait par rapport à tous les enfants, quand même ils seraient d'un autre lit. C'est méconnaître le texte positif de l'article 335, et oublier qu'en matière pénale la loi ne saurait être étendue au-delà de ses termes : *pœnalia non sunt extendenda.*

---

(1) C'est même là, à notre connaissance, le cas à peu près unique d'un véritable *usufruit légal* dans le Code Napoléon.

(2) Il n'est même pas nécessaire que cette déchéance soit prononcée dans le jugement de condamnation.

(3) En ce sens, DEMOLOMBE, T. 6, nos 361 et 558 ; ZACHARIÆ, AUBRY et RAU, T. 4, p. 614 et 617.

Il faudrait, d'ailleurs, aller jusqu'à dire que la déchéance a lieu d'une manière absolue pour tous les enfants, *même ceux nés postérieurement au délit ;* et, à coup sûr, l'article 335 ne s'applique pas à ceux-là (1). Il est permis de regretter qu'un père coupable d'un acte aussi odieux ne soit pas absolument déchu de toute espèce de droits ; mais la loi existe ; il faut la prendre telle qu'elle est, sans en étendre arbitrairement les termes.

§ V. — Second mariage de la mère usufruitière (386).

L'article 386 décide que le droit de jouissance légale *cessera à l'égard de la mère, dans le cas d'un second mariage* (2). Les termes de la loi sont absolus. Dès qu'il y a eu célébration d'un second mariage, la mère perd définitivement la jouissance légale ; elle *cesse à son égard ;* nous mettrons tout à l'heure à profit cette observation.

Pourquoi cette déchéance de la mère qui se remarie, tandis que le père qui contracte un second mariage conserve son droit de jouissance ?

Il y en a trois raisons principales :

1° Il en était ainsi dans le droit coutumier, en matière de garde ; c'est ce qui résulte de l'article 268 de la Coutume de Paris : « la garde noble et bourgeoise dure jus-» qu'à etc., etc... pourvu que lesdits père et mère, aïeul

(1) *Sic* Marcadé, T. 2, p. 170 ; Duranton, T. 3, n° 384.

(2) L'usufruit ne s'éteint que pour l'avenir ; l'article 386 n'en prononce pas la résolution *in præteritum*, mais seulement la cessation. Cette déchéance est assez grave par elle-même pour qu'on n'y ajoute pas une rétroactivité de privation, dont rien ne pourrait expliquer l'injustice (M. Demolombe).

» ou aïeule, ne se remarient, auquel cas la garde est fi-
» nie ». Nous voyons, dans ce mode d'extinction, d'abord un souvenir du droit Coutumier.

Ceci toutefois n'explique pas la différence qui existe aujourd'hui entre le second mariage du père et celui de la mère, puisque la Coutume de Paris ne distinguait pas et prononçait la déchéance dans les deux cas.

2° M. Réal disait dans son Exposé de motifs au Corps législatif : « Il y aurait de l'inconvenance à établir en
» principe que la mère peut porter dans une autre famille
» les revenus des enfants du premier lit, et enrichir ainsi
» à leur préjudice son époux ».

La loi ne veut pas que les biens des enfants d'un premier mariage servent à l'entretien des enfants du second ; ce motif est encore insuffisant, car il s'applique aussi bien au second mariage du père qu'à celui de la mère.

Mais elle veut éviter en second lieu que les revenus des biens viennent enrichir le nouvel époux ; et c'est là la véritable raison qui justifie l'article 386. Nous savons, en effet, que sous presque tous les régimes, les fruits et revenus appartenant à la femme sont perçus par le mari, qui en a la libre disposition, et peut les dissiper à son gré, sans avoir à redouter aucun contrôle. Cela n'est pas douteux :

1° Pour le régime de communauté (art. 1401, 1421, 1428, 1528) ;

2° Pour le régime exclusif de communauté, (art. 1530) ;

3° Pour le régime dotal (art. 1549).

Sous le régime de la séparation de biens lui-même il arrive le plus souvent que le mari (en fait du moins, sinon en droit) administre les biens de la femme et en perçoit les revenus à son profit.

Si la mère remariée continuait à jouir des biens de ses enfants, il arriverait que ces revenus n'iraient pas à leur véritable destination, et qu'en réalité ce serait le nouveau mari, et non la mère, qui aurait l'usufruit légal. C'est ce que le législateur n'a pas voulu : il a craint que ce mari, qui n'aura probablement que peu d'affection pour les enfants de sa femme, n'employât pas à leur entretien les revenus de leurs biens, et qu'il en fît profiter uniquement lui-même d'abord, et ensuite ses propres enfants.

3° Il faut bien reconnaître enfin que le législateur, à tort ou à raison, a plus d'aversion pour le second mariage de la mère que pour celui du père, et qu'il frappe la mère remariée de certaines pénalités qui n'atteignent pas le père. C'est ce qui arrive en matière de tutelle : la mère remariée perd la tutelle légale (art. 395) ; et, si elle n'est pas maintenue par le Conseil de famille dans la tutelle des enfants de son premier mariage, elle ne peut leur choisir un tuteur dans les formes prescrites par l'article 392 (art. 399 et 400). Rien de semblable pour le père.

Cela dit pour justifier la disposition de l'art. 386, nous avons à examiner sur ce point trois questions controversées.

Première question : Si la mère remariée redevient veuve avant que les enfants du premier lit aient atteint l'âge de dix-huit ans, pourra-t-elle reprendre la jouissance qu'elle avait perdue ?

Il faut, sans hésiter, admettre la négative, qui, du reste, est généralement enseignée. L'article 386 déclare positivement que la jouissance *a cessé ;* il faudrait donc un texte formel pour la faire revivre, et ce texte n'existe pas. L'article 268 de la Coutume de Paris décidait déjà qu'en pareil cas la garde était *finie*. Et puis la mort du nouveau mari n'empêche pas qu'il y ait un second mariage de la part de la mère, et c'est le fait même de ce second mariage qui met fin à l'usufruit légal (1).

Deuxième question : La jouissance renaîtra-t-elle si le second mariage de la mère est déclaré nul ? Même solution que pour la question précédente, pourvu toutefois que ce mariage ait été librement contracté, que le consentement de la mère soit exempt de violence.

Il faut voir dans la privation de l'usufruit légal une sorte de punition infligée par le législateur à la mère qui se remarie. S'il en est ainsi, qu'importe que son mariage soit annulé ? Le fait lui-même de la célébration du mariage n'en subsiste pas moins, et c'est la cause de la cessation de l'usufruit ; la volonté de la mère de prendre un nouvel époux est manifestée au dehors par cette célébration, et il lui est défendu de se remarier sous peine de déchéance de son droit. La nullité du mariage est donc indifférente ; et la maxime *Quod nullum est nullum producit effectum* ne saurait s'appliquer ici, car il ne s'agit pas d'un des effets civils du mariage, mais d'une peine encourue par le fait même de la célébration.

D'ailleurs il peut arriver que le second mariage ne soit annulé qu'à la mort de l'un des nouveaux époux, de la mère remariée peut-être ; faudra-t-il dire, en pareil cas,

(1) *Sic* PROUD'HON, *Usufruit*, T. 1, n° 144 ; ZACHARIÆ, AUBRY et RAU, T. 4, p. 615 ; DEMOLOMBE, T. 6, n° 562 ; VALETTE, liv. 1er du Code, p. 217 ; — *Contrà*, M. Taulier, T. 1, p. 490.

que la jouissance légale est réputée rétroactivement n'avoir jamais cessé ? Et cependant le second mari aura eu, jusqu'à l'annulation de ce mariage, la libre disposition des fruits et revenus, ce qui précisément est le motif de la cessation de l'usufruit. Il faudrait donc, dans l'opinion contraire, admettre que, dans ce cas, la jouissance a cessé irrévocablement, et la nécessité d'une telle distinction est la condamnation même de cette doctrine.

Troisième question : La mère qui, sans s'être remariée, vit dans un état de concubinage notoire, doit-elle être en vertu de l'article 386, privée de son droit de jouissance légale ?

Remarquons que nous sommes ici en matière pénale ; que nous devons par conséquent appliquer limitativement le texte de loi, sans pouvoir en étendre les dispositions à des cas non prévus par elle, quelque analogie que présentent d'ailleurs les hypothèses. C'est seulement dans le cas d'un second mariage que la loi déclare l'usufruit éteint ; or la mère n'est pas remariée, elle conserve donc l'usufruit légal ; cela nous paraît hors de doute.

Tous les arguments qui ont été produits contre ce système peuvent être excellents en législation ; mais comme aucun texte ne prononce de déchéance pour le fait de concubinage, nous ne pouvons créer une pénalité qui n'existe pas dans la loi.

On nous oppose :

1° Que la mère qui vit dans un état de débauche publique est plus coupable que celle qui se remarie, et qu'il y a là un *a fortiori* évident ;

2° Qu'en droit romain on appliquait à la veuve vivant

dans l'inconduite les déchéances dont on frappait celle qui se remariait : *non enim amplius habebit castitate, luxuria* (1) ;

3° Que la garde noble finissait pour cause de débauche publique de la gardienne (Pothier).

Tout cela peut être vrai, mais ne prouve, dans tous les cas, qu'une seule chose : c'est que la loi aurait dû frapper cette mère oublieuse à ce point de ses devoirs, comme elle a frappé celle qui se remarie. Elle ne l'a pas fait, et son silence réduit à néant les meilleurs raisonnements.

D'ailleurs est-il certain qu'il y ait identité parfaite entre les deux hypothèses ? le motif principal de l'article 386 n'existe pas ; il n'y a pas de mari qui administre les biens de la femme et perçoive à son profit tous les revenus. C'est la mère qui jouira elle-même des biens de ses enfants, et malgré ses dérèglements, elle pourra s'en occuper et employer les revenus à leur entretien. L'affection maternelle n'est pas absolument incompatible avec l'inconduite. Il n'y a donc pas analogie, et le raisonnement du système contraire pèche par sa base (2).

§ VI. — Défaut d'inventaire dans le cas de l'article 1442.

Ce mode d'extinction, ou plutôt, cette déchéance du droit de jouissance légale présente de sérieuses difficultés, et donne lieu à de vives controverses.

(1) Nov. 80 ; ch. 2, § 7. — L. 7, Cod. *de Revoc. donat.*

(2) En ce sens : Demolombe, T. 6, n° 565 ; Zachariæ, Aubry et Rau, T. 4, p. 615 ; Marcadé, T. 2, art. 386 ; Demante, T. 2, n° 136 bis. — *Contrà,* Delvincourt, T. 1er, p. 93 ; Proud'hon, *Usufruit*, T. 1er, n° 146 ; Vazeille, T. 2, n° 481.

Voici le texte de l'article 1442 : « Le défaut d'inven-
» taire, après la mort naturelle ou civile de l'un des
» époux, ne donne pas lieu à la continuation de la com-
» munauté ; sauf les poursuites des parties intéressées,
» relativement à la consistance des biens et effets com-
» muns, dont la preuve pourra être faite tant par titres
» que par commune renommée. — *S'il y a des enfants*
» *mineurs, le défaut d'inventaire fait perdre en outre à*
» *l'époux survivant la jouissance de leurs revenus* (1) ;
» et le subrogé tuteur, qui ne l'a point obligé à faire
» inventaire, est solidairement tenu avec lui de toutes
» les condamnations qui peuvent être prononcées au pro-
» fit des mineurs. »

Il résulte de cet article que l'époux survivant doit, aussitôt après la mort de son conjoint, faire, par le ministère d'un officier public, un inventaire exact et fidèle. S'il manque à cette obligation, il est déchu de son droit de jouissance légale sur les biens de ses enfants mineurs.

Cette disposition législative, si claire et si précise, contient cependant une lacune regrettable. Dans quel délai doit être fait cet inventaire ? La loi est muette sur ce point ; elle ne fixe aucun terme passé lequel la déchéance sera encourue. Néanmoins on est à peu près d'accord pour reconnaître que cet inventaire doit être fait dans les trois mois qui suivent l'ouverture de la succession.

(1) Singulière rédaction ! Il résulterait de ces expressions que l'usufruitier légal n'a que *la jouissance des revenus*, tandis qu'il en a la pleine propriété. Nous rencontrons la même inexactitude de rédaction dans l'article 582 qui porte que l'usufruitier a le droit *de jouir de toute espèce de fruits*. Si on prenait ces deux dispositions à la lettre, on se ferait une fausse idée de l'usufruit. L'usufruitier a la jouissance des biens soumis à son droit, et la propriété des revenus de ces biens. (Même erreur dans l'art. 630).

C'est, en effet, le délai ordinairement fixé par la loi, quand elle prescrit un inventaire (art. 795, 1456, C. N. et 174, C. Proc.) ; sauf le droit pour les tribunaux d'en accorder la prorogation (art. 1459).

Mais quelle sera la portée de ce délai de trois mois? Est-il nécessairement fatal ? Les trois mois et le temps de la prorogation une fois expirés, la déchéance est-elle encourue définitivement, ou bien l'inventaire peut-il être encore fait utilement ? Telle est la grave question sur laquelle se sont élevés plusieurs systèmes.

Proud'hon enseigne que, s'il est possible de faire encore l'inventaire avec exactitude, si par exemple aucune confusion et aucun détournement n'ont eu lieu, l'époux survivant aura la jouissance des biens de ses enfants, à partir de la confection de cet inventaire. Mais il n'a aucun droit aux fruits échus avant l'inventaire, puisqu'il n'a pas rempli la condition sous laquelle ils lui étaient accordés (1). Si, au contraire, la confection d'un inventaire est devenue impossible par suite de confusion ou de détournements, si les enfants sont obligés, pour reconnaître leurs biens, de recourir aux témoignages et à la commune renommée, alors le survivant est définitivement déchu de son droit de jouissance, puisqu'il n'a pas rempli et ne peut plus remplir les conditions exigées par la loi.

Toullier repousse cette distinction : l'inventaire, dit-il, sert à prévenir les soustractions ou omissions, en constatant le nombre, l'état et la valeur des effets qui com-

(1) PROUD'HON, *Usufruit*, T. 1, n° 170 ; — POTHIER, *Garde noble*, note 3, art. 2, § 1.

posaient la communauté à la mort du prédécédé ; il conserve ainsi aux enfants leur fortune intacte, en empêchant tout détournement et toute confusion de leurs biens avec ceux de l'époux survivant. Comme il serait difficile, au bout d'un temps assez long, de distinguer et reconnaître le mobilier de la communauté, la loi veut que l'inventaire soit fait dans un bref délai. Elle a fixé celui de trois mois ; c'est un terme fatal, une condition expresse, à défaut de laquelle le survivant perd de plein droit son usufruit, la condition de cet usufruit étant défaillie. Or, quand une condition est défaillie, elle anéantit pour toujours l'obligation ou la disposition, sans que les événements ultérieurs puissent la faire revivre ou la rétablir : *defecta semel conditio*, dit Cujas, *impleretur frustra ; nec enim solent resumi conditiones (1)*.

Quelle est donc la véritable pensée du législateur ? Il est assez difficile de la deviner en présence du silence de la loi. S'il faut reconnaître que le délai de trois mois est accordé ordinairement en matière d'inventaire, il est impossible d'en faire un délai fatal, passé lequel un inventaire ne peut avoir aucun effet utile, et produisant une déchéance définitive à l'égard de l'époux négligent. Cette déchéance est une peine, et en matière pénale il faut se garder d'étendre une disposition législative à des hypothèses non prévues par elle. La loi ne fixant nulle part le délai dans lequel le survivant doit faire inventaire pour éviter la déchéance, nous ne pouvons, sans tomber dans l'arbitraire, refuser tout effet à un inventaire même tardif. Que faire alors ? Il faudra examiner pour-

(1) CUJAS, *Observ.* l. 13, ch. 40.

quoi cet inventaire a été fait après l'expiration des trois mois ; et, si ce retard a pour cause des circonstances indépendantes de la volonté de l'usufruitier, auquel on n'a à adresser aucun reproche, il faudra reconnaître aux tribunaux le droit de valider l'inventaire et de déclarer l'époux non déchu de l'usufruit légal.

Ce système a bien quelque chose de vague, d'indéterminé ; mais c'est le seul qui puisse être adopté en présence du silence regrettable de l'article 1442 sur le point qui nous occupe. C'est du reste celui qui est suivi par la jurisprudence.

Cette difficulté n'est pas la seule que nous présente l'article 1442, et nous devons examiner dans quels cas, sous quels régimes de mariage il est applicable, en ce qui touche la déchéance. Il semble au premier abord qu'il n'y ait pas de question possible, puisque cet article, placé au titre même de la communauté, prescrit l'inventaire après la dissolution de la communauté. C'est donc seulement sous le régime de communauté (légale ou conventionnelle (1) que le défaut d'inventaire est une cause de déchéance du droit de jouissance légale. C'est ce qui nous paraît évident ; mais comme des esprits distingués ont soutenu le contraire, et ont vu dans l'article 1442 une disposition générale applicable à tous les régimes de mariage, il nous faut étudier la question avec plus de détail.

M. Pont prétend (il a développé cette thèse dans la

(1) Il n'est pas douteux, en effet, que l'article 1442 s'applique à la communauté conventionnelle ; l'article 1528 décide que la communauté conventionnelle reste soumise aux règles de la communauté légale, pour tous les cas auxquels il n'y a pas été dérogé implicitement ou explicitement par le contrat.

Revue de Législation, 1847, p. 37) que la déchéance pour défaut d'inventaire a lieu sous toute espèce de régime de mariage. Il y a, dit-il, dans l'article 1442, deux dispositions distinctes, indépendantes l'une de l'autre : la première abroge l'ancien droit en déclarant que le défaut d'inventaire ne donne pas lieu à la continuation de la communauté, et celle-là ne s'applique certainement qu'au régime de communauté ; la seconde déclare déchu de l'usufruit légal l'époux survivant qui a négligé de faire inventaire. Cette seconde disposition de l'article s'applique évidemment à tous les régimes ; car elle traite de l'usufruit paternel qui existe indépendamment de toute convention matrimoniale, et sous tous les régimes de mariage. Qu'il y ait communauté ou non, cela importe peu en matière d'usufruit paternel ; et on ne comprendrait pas que le législateur eût édicté une règle concernant cet usufruit, toute spéciale au régime de la communauté. L'inventaire a, d'ailleurs, les mêmes raisons d'être sous le régime dotal, par exemple, que sous celui de la communauté. On craint la confusion, les détournements, qui empêcheraient de reconnaître les biens personnels de l'enfant ; ce danger existe sous le régime dotal, car les biens de la femme peuvent n'être pas constatés dans son contrat de mariage ; elle peut laisser en mourant des paraphernaux qu'il importe de distinguer des biens du mari. (Toullier, T. XIII, nº 10 ; Battur, T. II, nº 620.)

Il est facile de voir combien ce système est peu fondé, et combien il viole ouvertement le texte si clair de l'article 1442. Le but de cet article est d'abolir la continuation de la communauté, imposée autrefois à l'époux survivant qui négligeait de faire inventaire, et d'y substituer une double peine : — 1° la possibilité d'une enquête par commune renommée ; 2° la déchéance de l'usufruit légal. Les deux parties de l'article ne forment qu'un seul tout, et si la première ne s'applique qu'au cas de communauté, il doit en être de même de la seconde. C'est ce qui résulte de l'expression *en outre* insérée dans le deuxième alinéa, et encore plus des paroles de M. Berlier dans son Exposé de motifs au Corps législatif :

« La dissolution de la communauté, qui s'opère par » la mort naturelle, recevait, dans plusieurs coutumes, » une exception que notre projet a rejetée ; c'est celle » qui, à défaut d'inventaire, faisait continuer la com- » munauté entre le survivant et ses enfants.

» Tant d'embarras ne doivent pas renaître, quand on » a d'ailleurs un moyen simple et facile d'atteindre le » but qu'on se propose. De quoi s'agit-il, en effet ? De » veiller à la conservation des droits qui appartiennent » aux enfants du mariage. Mais de deux choses l'une : » ou ils sont majeurs, ou ils ne le sont pas.

» S'ils sont majeurs et qu'ils ne provoquent pas l'in- » ventaire, ils partagent la faute de l'époux survivant ; » il ne leur est dû aucune indemnité.

» *S'ils sont mineurs, leur subrogé tuteur, qui aura* » *négligé de faire procéder à l'inventaire, en deviendra* » *personnellement responsable envers eux ; et l'époux sur-* » *vivant perdra de plus les droits que la loi lui accor-* » *dait sur les revenus de ses enfants ; voilà la peine.*

» Cet ordre de choses a paru bien préférable à ce qui était » autrefois pratiqué, seulement dans quelques coutumes. »

De ces paroles il résulte clairement que la déchéance d'usufruit est une peine substituée à la continuation de communauté, quand il n'y a pas eu d'inventaire. Elle n'est donc prononcée qu'en matière de communauté légale ou conventionnelle. Puisqu'il s'agit d'une disposition pénale, nous ne pouvons l'étendre par analogie à d'autres hypothèses, sans violer la maxime : *Pœnalia non sunt extendenda.*

Cette analogie du reste, n'existe pas, comme le prétend M. Toullier. En matière de communauté, il y a toujours confusion des biens des deux époux ; l'inventaire est donc nécessaire à la mort de l'un d'eux, pour distinguer les différents patrimoines, et reconnaître quels sont les biens personnels des enfants. Sous les autres régimes cette confusion n'a pas lieu ; les fortunes restent parfaitement distinctes et indépendantes, et dans tous les cas, si la confusion a lieu, ce n'est qu'accidentellement et par exception. Il n'y a donc pas d'analogie, et il faut restreindre l'article 1442 au régime de communauté, le seul auquel il puisse s'appliquer (1).

Nous avons passé en revue les différents modes d'extinction spéciaux à l'usufruit paternel. Il y en avait un autre résultant de l'article 386, *le divorce* : « Cette jouis-
» sance n'aura pas lieu au profit de celui des père et
» mère contre lequel le divorce aurait été prononcé ». Le divorce ayant été aboli par la loi du 8 mai 1816, ce mode d'extinction n'existe plus, et nous n'avons pas à nous en occuper. Quelques auteurs veulent cependant l'appliquer

---

(1) *Sic* M. Demolombe, T. 6, n° 577 ; Proud'hon, *Usufruit*, T. 1er, n° 161 ; Zachariæ, Aubry et Rau, T. 4, p. 326 ; Marcadé, T. 5, art. 1442, n° 4.

à la séparation de corps, et décident que l'époux contre lequel est prononcée cette séparation perd son droit d'usufruit légal. Cette opinion est inadmissible et ne supporte même pas la discussion. On ne peut raisonner par analogie en pareille matière ; et d'ailleurs, en ce qui concerne les enfants, il n'y a pas la moindre analogie entre la séparation de corps qui laisse subsister le mariage, et le divorce qui le dissolvait et pouvait donner lieu à une nouvelle union. Mais supposons un instant que la séparation de corps prononcée contre le père le prive de l'usufruit légal : à qui attribuer cet usufruit? Dans le cas de divorce, il passait à la mère puisque le mariage était dissous ; mais il n'en est pas de même dans le cas de séparation de corps. Nous ne pouvons l'accorder à la mère, parce qu'elle n'y a droit qu'après *la dissolution du mariage* (art. 384). On serait donc obligé de l'attribuer à l'enfant qui deviendrait alors plein propriétaire de ses biens ; et ce serait, dit M. Demolombe, lui faire un déplorable titre d'acquisition.

Il ne nous reste plus à étudier que les modes d'extinction de l'usufruit légal, qui lui sont communs avec l'usufruit ordinaire.

§ 7. — Mort de l'usufruitier.

Il est de l'essence de tout usufruit de s'éteindre par la mort de l'usufruitier ; autrement le droit du nu-propriétaire serait purement illusoire. Il y en a une raison de plus pour l'usufruit légal ; c'est qu'étant un accessoire de la puissance paternelle, il ne peut survivre à cette puissance.

Si c'est la mère usufruitière qui meurt, il n'est plus

question de jouissance légale, puisque le père est nécessairement prédécédé ; les biens appartiennent alors en toute propriété à l'enfant.

Si au contraire c'est le père qui vient à décéder, son droit ne s'éteint que pour passer sur la tête de la mère, en vertu de l'article 384 qui déclare ce droit ouvert au profit de la mère survivante, après la dissolution du mariage.

§ 8. — Renonciation de l'Usufruitier.

L'usufruitier ordinaire peut toujours se décharger de son usufruit au moyen d'une renonciation. Pourquoi en serait-il autrement de l'usufruitier légal ? On peut toujours (et c'est là un principe de droit naturel) renoncer à un droit accordé par le législateur : les motifs même qui ont fait établir l'usufruit paternel nous montrent que la loi n'a pas voulu l'imposer aux parents comme une charge à laquelle ils ne pourraient échapper ; c'est pour eux un avantage, une indemnité des soins et des dépenses de toute nature qu'occasionnent l'entretien et l'éducation de leur enfant ; ils peuvent donc y renoncer. Nous avons vu que cette renonciation serait impossible avant l'ouverture du droit, par exemple dans un contrat de mariage ; mais quand le droit est ouvert, quand le père en est saisi, il doit pouvoir s'en affranchir par une renonciation, puisqu'aucun texte ne l'en empêche (1).

Dans quelle forme cette renonciation peut-elle être

---

(1) Remarquons que lorsque la loi a défendu la renonciation à un droit, elle l'a dit formellement (art. 791, 1130, 1389) ; il ne s'agit du reste dans ces trois textes que de renonciation à des droits non encore ouverts.

faite ? La loi n'en indique aucune ; tout acte contenant une manifestation de volonté serait donc valable. Il suffirait, par exemple, d'une déclaration du père ou de la mère devant un notaire ou un conseil de famille. M. Demolombe conseille toutefois de faire cette renonciation d'une manière contradictoire avec les représentants de l'enfant, plutôt que par une déclaration purement unilatérale devant notaire. Si, par exemple, le mariage était dissous, le survivant ferait bien de notifier sa renonciation au tuteur s'il ne l'est pas lui-même, et s'il l'est, au subrogé tuteur (1).

On discutait déjà dans le droit coutumier la question de savoir si le survivant pourrait renoncer à la garde de quelques-uns seulement de ses enfants, et conserver celle des autres ; elle était résolue à peu près universellement dans le sens de l'affirmative (2). Il faut évidemment donner aujourd'hui la même décision, et admettre que le père pourrait renoncer à son droit d'usufruit sur les biens de l'un de ses enfants, et continuer à jouir des biens des autres. Comme le dit Pothier dans son traité de la Garde noble (sect. 2, § 3), « il n'y a aucun principe qui l'en » empêche ; il y a autant de droits de garde qu'il y a » d'enfants, et la garde de l'un n'est pas celle de l'au» tre. » Ce raisonnement est parfaitement exact en matière d'usufruit légal ; une renonciation partielle n'est contraire à aucun texte, à aucun principe.

Quels sont les effets de cette renonciation ? Il est certain qu'à partir de ce moment le père cessera de percevoir

(1) M. Demolombe, t. 6, n° 489.
(2) Voir plus haut, page 122.

à son profit les revenus des biens et d'être soumis aux charges énumérées dans l'article 385; mais la renonciation n'a-t-elle d'effet que pour l'avenir ? Faut-il, au contraire, lui reconnaître un effet rétroactif, en ce sens que le père peut se soustraire, même pour le passé, en restituant tous les fruits par lui perçus, aux obligations qui ont pesé sur lui tant que son usufruit a duré ?

Cette question est controversée non-seulement pour l'usufruit légal, mais même pour l'usufruit ordinaire. M. Bugnet refuse tout effet rétroactif à la renonciation de l'usufruit, et il donne, à l'appui de son opinion, des arguments qui nous semblent irréfutables : « Pour justi-
» fier », dit-il, « cette décision (celle qui admet l'effet
» rétroactif), on dit qu'il s'agit ici d'une charge à cause
» de la chose, que cette charge ne pèse directement que
» sur le fonds. C'est l'héritage qui doit et non pas la
» personne, en sorte que si celui qui jouit de l'immeuble
» peut être contraint à faire la prestation de la charge,
» c'est parce qu'il possède, et en tant qu'il possède le
» fonds qui en est grevé ; donc cette charge ne peut
» plus exister dès qu'il a cessé de jouir, et qu'il n'existe
» plus d'usufruit. »

« Voilà, sans doute, un raisonnement péremptoire
» pour les réparations dont la cause est postérieure à
» l'abandon fait par l'usufruitier ; mais il nous frappe
» beaucoup moins en ce qui concerne les réparations
» qui se trouvent à faire pendant le temps de l'usufruit ;
» n'y a-t-il pas dans ce cas un acquiescement de l'usufrui-
» tier à supporter personnellement les charges d'entre-
» tien et autres charges annuelles, tant qu'il n'a pas

» abandonné sa jouissance ? Cette volonté au moins ta-
» cite ne constitue-t-elle pas un quasi-contrat qui rendrait
» l'usufruitier personnellement débiteur ? Pourquoi, par
» un abandon rétroactif des fruits, lui permettre de se
» soustraire à des charges qu'il a conséquemment ac-
» ceptées ? » (Bugnet sur Pothier, traité du Douaire).

Si nous décidons que la renonciation à l'usufruit ordinaire n'a pas d'effet rétroactif, il doit en être de même pour l'usufruit légal. La *renonciation* à cet usufruit n'est pas une *résolution ;* elle n'empêche pas que ce droit n'ait existé. Or, à partir du moment où il a existé, il a été accompagné de diverses charges et obligations qui ne sauraient être effacées dans le passé. Ces charges sont tellement liées à l'usufruit légal qu'il ne peut pas exister sans elles ; tant que le père a la jouissance, il doit supporter les charges ; aussitôt qu'il ne l'a plus, il est affranchi de ces charges, mais seulement *pour l'avenir*.

Il résulte de là une conséquence qui nous est fort bien indiquée par Proud'hon (usufr. t. 1, n° 216) : « Lors-
» qu'il s'agit », dit-il, « des frais d'entretien et d'éduca-
» tion des enfants, l'usufruitier peut s'en débarrasser
» pour l'avenir, en renonçant à l'usufruit qu'il avait
» d'abord accepté, parce que ces sortes d'impenses
» échéant jour par jour et étant inhérentes au droit d'usu-
» fruit, l'obligation de les fournir à l'avenir doit cesser
» d'exister du moment où le droit d'usufruit se trouve
» éteint par la renonciation de l'usufruitier. »

« Mais à l'égard des arrérages et intérêts des capitaux,
» déjà échus lors du décès de l'auteur de la succession
» dont l'usufruit est déféré par la loi au père et à la mère

» des héritiers mineurs ; comme encore à l'égard des » frais funéraires et de dernière maladie, il suffit qu'il y » ait eu acceptation du droit d'usufruit, pour que l'usu- » fruitier soit tenu du paiement intégral de toutes ces » charges, parce qu'ici tout est déjà échu au moment de » l'acceptation du droit qui ne peut être séparé de ses » charges, *en sorte qu'on ne peut accepter l'un sans se sou- » mettre à la prestation des autres.* »

Ainsi, malgré sa renonciation, l'usufruitier légal n'en doit pas moins tous les intérêts et arrérages dûs par la personne à qui l'enfant a succédé, ainsi que les frais funéraires et de dernière maladie de cette personne, et de plus les frais d'entretien et autres charges périodiques correspondant au temps pendant lequel sa jouissance a duré.

M. Demolombe applique même cette conclusion à tous les modes d'extinction de l'usufruit paternel. Il se peut que la courte durée de la jouissance ne laisse pas au père le temps de recueillir assez de revenus pour acquitter les charges qui lui sont imposées ; dans ce cas, il se trouvera en perte, et sera tenu même *ultra vires emolumenti.* Cela est rigoureux peut-être ; mais c'est à lui à faire ses calculs et à voir s'il doit refuser la faveur que la loi lui accorde. L'usufruit légal, de même qu'autrefois la Garde noble ou bourgeoise, est un droit aléatoire, une sorte de forfait qui laisse à l'usufruitier des chances de gain ou de perte.

Les créanciers de l'usufruitier pourraient, en vertu des articles 1167 et 622, attaquer la renonciation qu'il aurait faite à son droit ; ils pourraient agir, en pareil cas, au moyen de l'*action Paulienne*. Ceci ne saurait être sérieusement contesté en présence de l'article 622 qui le décide formellement pour l'usufruit ordinaire. On objecterait en vain que dans le droit coutumier quelques auteurs refusaient aux créanciers le droit d'attaquer la renonciation du gardien à sa jouissance (1) ; les termes de l'article 1167 sont généraux et comprennent tous les actes faits par leur débiteur en fraude de leurs droits. Si donc nous sommes en présence d'une renonciation faite par le père usufruitier en fraude de ses créanciers ; si de plus cette renonciation leur cause un préjudice en ce sens qu'elle produit ou augmente l'insolvabilité de leur débiteur, toutes les conditions exigées par l'art. 1167 étant réunies en pareil cas, la disposition de cet article est applicable, et il y a lieu à l'action Paulienne (2).

Il en est autrement quand c'est par l'émancipation de son fils que la jouissance du père a cessé ; et les créanciers ne pourraient, par aucun moyen, attaquer cette émancipation. Il n'y a pas là, comme on l'a prétendu quelquefois, une renonciation tacite à l'usufruit légal (3) ; c'est en vertu de la loi, et non en vertu de la volonté expresse ou tacite du père, que la jouissance cesse par

(1) V. nouveau Denizart, t. 9, V°. Garde noble, § 6, n° 12.

(2) Nous admettons, bien que cela soit contesté, que l'action Paulienne ne peut exister que s'il y a, à la fois et dans tous les cas, préjudice et fraude.

(3) Cette question se lie à celle que nous avons examinée page 192, où nous avons admis que l'usufruit paternel renaît quand l'émancipation est révoquée ; si on voit dans l'émancipation une renonciation tacite à l'usufruit, il faut décider 1° que l'émancipation éteint définitivement cet usufruit ; 2° que les créanciers peuvent attaquer cette émancipation. Nous rejetons ces deux solutions parce que le motif de l'émancipation ne nous paraît nullement être la renonciation à la jouissance légale.

l'émancipation, et on ne peut induire aucune renonciation volontaire d'un acte qui n'est autre chose que l'abandon de la puissance paternelle. L'acte d'émancipation est l'exercice même de la puissance paternelle, droit exclusivement attaché à la personne, et en vertu duquel le père se dépouille volontairement de l'autorité dont la loi l'a investi sur la personne de ses enfants. C'est là un droit qui échappe à toute critique, à tout contrôle ; il ne forme pas *le gage des créanciers* (art. 2093) ; il ne peut donc, sous aucun prétexte, être attaqué par eux (1).

§ IX. — Abus de jouissance.

L'article 618 nous signale un dernier mode d'extinction de l'usufruit ordinaire, l'*abus de jouissance*. Ce mode d'extinction a ceci de remarquable qu'il n'opère pas de plein droit la résolution ; les tribunaux ont à cet égard un pouvoir discrétionnaire. Voici du reste les termes de cet article : « L'usufruit peut aussi cesser par » l'abus que l'usufruitier fait de sa jouissance, *soit en* » *commettant des dégradations sur le fonds, soit en le* » *laissant dépérir faute d'entretien*. Les créanciers de » l'usufruitier peuvent intervenir dans les contestations » pour la conservation de leurs droits ; ils peuvent offrir » la réparation des dégradations commises et des garan- » ties pour l'avenir. Les juges peuvent, suivant la gra- » vité des cas, ou prononcer l'extinction absolue de l'u-

(1) Ceci est plus frappant encore si nous considérons l'émancipation par mariage : les créanciers du père voudraient-ils voir une renonciation tacite à l'usufruit légal dans le consentement donné au mariage de son fils ?

» sufruit, ou n'ordonner la rentrée du propriétaire dans
» la jouissance de l'objet qui en est grevé, que sous la
» charge de payer annuellement à l'usufruitier ou à ses
» ayant-cause une somme déterminée jusqu'à l'instant où
» l'usufruit aurait dû cesser. »

Il serait facile de critiquer cette disposition dont la rigueur est peut-être excessive, surtout s'il s'agit d'un usufruit acquis à titre onéreux. Cet article pourrait bien n'être, d'ailleurs, que le résultat d'une erreur législative : les rédacteurs du Code ont cru traduire le droit romain en déclarant que l'usufruit peut cesser par l'abus de jouissance. Mais le droit romain, pas plus que le droit féodal ou le droit coutumier primitif, n'attachait un effet aussi exorbitant au mésusage ; c'est Dumoulin et la jurisprudence du XVIe siècle qui ont fait dire au droit romain ce qu'il ne disait pas (1).

Quoi qu'il en soit, la disposition existe, et, telle qu'elle est, il nous paraît évident qu'elle s'applique à l'usufruit légal. Il y a les mêmes raisons de redouter des dégradations ou un manque d'entretien ; et tout usufruit n'existe que sous la condition que l'usufruitier jouira en bon père de famille. On pourrait même trouver un motif de plus d'appliquer l'article 618 à l'usufruit paternel, c'est qu'il existe, non pas en vertu de la volonté de l'homme, comme par un contrat ou un testament, mais en vertu de la loi qui, par conséquent, est libre d'y imposer les conditions qu'elle veut et d'assurer ainsi la conservation des biens personnels des enfants.

(1) V. Demangeat, Etude sur le droit de Garde ; et Institutes de Justinien, l. 2, t. 4, § 3.

Il peut arriver que l'usufruitier légal, sans commettre des dégradations sur les biens qu'il entretient d'ailleurs en parfait état, n'accomplisse pas cependant les conditions qui lui sont imposées par l'article 385 ; sera-t-il en pareil cas déchu de son usufruit ? Si le père, par exemple, ne pourvoit pas à l'entretien, à la nourriture et à l'éducation des enfants, cette inexécution des charges que lui impose la loi est-elle une cause de déchéance de son droit ?

Il est certain qu'il en était ainsi dans le droit coutumier en matière de Garde, et Pothier déclare positivement que la Garde cessait « lorsque le Gardien ne fournissait » pas aux mineurs les aliments ou les choses nécessaires » pour leur éducation (1). » Il est en effet assez équitable, si cette jouissance n'existe que moyennant l'accomplissement de certaines obligations, qu'elle cesse si ces charges ne sont pas exécutées ; ce sont deux choses corrélatives qui ne peuvent exister l'une sans l'autre. C'est par application de ce principe que la condition résolutoire est toujours sous-entendue dans les contrats synallagmatiques, pour le cas où l'une des deux parties ne satisfera pas à son engagement (art. 1184), et que l'article 953 déclare la donation entre-vifs révocable pour inexécution des conditions.

Cette doctrine est soutenue par un certain nombre d'auteurs ; mais les considérations que nous venons de présenter ne sont que des arguments de législation qui doivent être écartés. Ils prouvent une seule chose, c'est que la loi aurait pu proclamer cette cause de déchéance, con-

(1) Pothier, Garde noble, sect. 4, § 1 ; Nouveau Denizart, t. 9, V° Garde noble, § 12. La Garde dans ce cas ne finissait pas de plein droit ; le juge *destituait* le gardien.

forme à l'équité et aux principes généraux. Mais l'a-t-elle fait ? C'est ce qu'il nous paraît impossible d'établir.

D'abord il est évident que l'article 618, prononçant une peine, doit être entendu dans un sens limitatif ; or cet article ne frappe de déchéance que l'usufruitier qui abuse de sa jouissance *soit en commettant des dégradations sur le fonds, soit en le laissant dépérir faute d'entretien ;* voilà uniquement, d'après ce texte, ce qui constitue l'abus de jouissance ; il n'est pas question d'inexécution des charges. Cette déchéance ne se trouve pas davantage dans l'art. 385 qui impose à l'usufruitier légal certaines obligations, mais n'y attache pas une pareille sanction.

Quant à l'article 1184, il est étranger à la question et voici pourquoi : la condition résolutoire tacite existe dans tous les contrats synallagmatiques pour le cas où l'une des parties ne satisfera pas à son engagement, parce qu'alors la cause même de l'obligation de l'une des parties est l'obligation corrélative et réciproque de l'autre ; une des deux obligations venant à manquer, l'autre est nulle, faute de cause (art. 1108, 1131). Or les charges énumérées dans l'art. 385 ne forment pas la cause même de l'usufruit légal ; sa véritable cause est dans la puissance paternelle dont il est un attribut, et dans la volonté qu'a eue le législateur d'indemniser les parents de leurs soins et d'éviter tout compte délicat entre les père et mère et les enfants. L'art. 1184 est donc inapplicable.

Si nous ne trouvons dans aucun texte législatif la déchéance du père pour inexécution des conditions, nous devons reconnaître que cette déchéance n'existe pas. On pourra seulement recourir aux tribunaux qui prendront les mesures nécessaires pour assurer l'exécution des charges grevant l'usufruit paternel ; ils appliqueront par exemple l'article 602. Cet article, applicable en matière d'usufruit ordinaire, doit à plus forte raison pouvoir être appliqué en matière d'usufruit paternel, où la conservation du fonds, du capital de la fortune des enfants est l'objet de la préoccupation du législateur (M. Demolombe).

Nous avons épuisé notre matière, et nous n'avons rien à ajouter sur l'institution de l'usufruit légal, dont nous avons étudié l'origine et le développement depuis les temps juridiques les plus reculés jusqu'au Code Napoléon. Nous terminons donc ici cette étude qui, à défaut d'aperçus nouveaux et de controverses inédites, a du moins le grand avantage, selon nous, de faire passer en revue, sur un point déterminé, les différentes législations qui se sont succédées jusqu'à nos jours.

ERRATA.

Page 53, ligne 26, au lieu de : *Il est difficile d'expliquer la validité autrement que*, etc., lisez : *il est difficile d'expliquer la validité de ces différents actes autrement que*, etc.

Page 117, ligne 12, au lieu de : *A qui est-elle déférée?* lisez : *Comment est-elle déférée?*

TABLE DES MATIÈRES.

DU PÉCULE CASTRENSE.

PAGES.

INTRODUCTION. 5

CHAPITRE I. — Origine du pécule castrense. 13
CHAPITRE II. — De quels biens se compose-t-il? . . . 16
CHAPITRE III. — Droits du fils sur son pécule castrense. 30
CHAPITRE IV. — Droits du père sur le pécule castrense. 49

§ 1. — Le fils a institué un héritier qui a fait adition 55
§ 2. — Le fils est mort intestat. 55
§ 3. — L'héritier institué par le fils n'a pas fait adition. 60
§ 4. — Le fils a institué son père héritier. . . . 65

CHAPITRE V. — Innovations de Justinien. 69

DE L'USUFRUIT LÉGAL.

PAGES.

INTRODUCTION. 77

PREMIÈRE PARTIE.

Origines de l'usufruit légal. 85

I. — Du pécule adventice. 89

Droits du père sur le pécule adventice. 92

Droits du fils sur le pécule adventice. 95

II. — Du droit de Bail ou de Garde dans le droit féodal et coutumier. 101

Chap. I. — De la Garde ou du Bail dans le droit féodal.

§ 1. — De la Garde seigneuriale. 103

§ 2. — Du droit de Bail. 105

§ 3. — Du droit de Garde. 110

Chap. II. — De la Garde noble et bourgeoise. . . . 113

§ 1. — A qui appartient la Garde ? 117

§ 2. — Comment est-elle déférée ? 121

§ 3. — Quels sont les droits et obligations du gardien ? 123

§ 4. — Quand et comment cesse le droit de Garde? 128

DEUXIÈME PARTIE.

DE L'USUFRUIT LÉGAL DANS LE CODE NAPOLÉON. . . . 132

CHAPITRE I. — A qui appartient l'Usufruit légal? . . 132

CHAPITRE II. — Comment est-il déféré? 142

CHAPITRE III. — Quels biens comprend-il? 147

Exceptions : 1° Biens que l'enfant acquiert par un travail ou une industrie séparés. 149

2° Biens donnés ou légués à l'enfant sous la condition expresse que le père ou la mère n'en jouira pas 153

3° Biens d'une succession dont le père est écarté comme indigne. 162

4° Biens compris dans un majorat. 164

CHAPITRE IV. — Droits de l'usufruitier légal. 166

CHAPITRE V. — Charges imposées à l'usufruitier légal. 174

§ 1. — Charges imposées à tous les usufruitiers. . 175

§ 2. — Nourriture, entretien et éducation des enfants selon leur fortune. 177

§ 3. — Paiement des arrérages ou intérêts des capitaux. 180

§ 4. — Frais funéraires et de dernière maladie. . 184

CHAPITRE VI. — Comment finit l'usufruit légal? . . . 188

§ 1. — Dix-huitième année accomplie de l'enfant. 189

§ 2. — Son émancipation expresse ou tacite. . . . 191

§ 3. — Sa mort. 194

§ 4. — Condamnation du père ou de la mère dans les cas prévus par les art. 334 et 335 C. P. 196

§ 5. — Second mariage de la mère usufruitière. . 197
§ 6. — Défaut d'inventaire dans le cas de l'art. 1442. 202
§ 7. — Mort de l'usufruitier. 210
§ 8. — Sa renonciation à son droit. 211
§ 9. — Abus de jouissance. 217

FIN DE LA TABLE.

www.ingramcontent.com/pod-product-compliance
Ingram Content Group UK Ltd.
Pitfield, Milton Keynes, MK11 3LW, UK
UKHW020211250726
13967UKWH00003B/1400

9 782013 585316